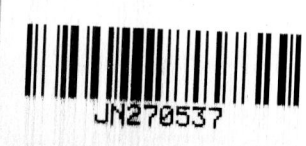

ケンタロウの韓国食堂

小林ケンタロウ

撮影：澤井秀夫

文化出版局

目次 （　）は作り方ページ

ソウルにやって来た!

韓国でのおいしい記憶をアレンジしたレシピが、おみやげです!

●本書で使用した計量の単位は、1カップ＝200㎖、大さじ1＝15㎖、小さじ1＝5㎖です。
1㎖は1ccです。
作り方の材料は、特に表記のない場合は、作りやすい分量です。

ソウルにやって来た!

우정상회

ソウル。訪れるたびに僕は新しい発見をする。思いがけないおいしさ、驚くほどうまい食べ方、
やたら豊富な野菜……大好きなごま油やにんにくが、ここ韓国で欠かせないのもうれしい。
韓国は僕のイメージを超えて、やんちゃな子どもみたいにどんどん広がっていく。
僕はますますソウルが好きになる。

うまいものがいっぱいだ

ごま油と生薬の入り交じった香りが漂う、ソウルの市場。穀物や豆類、みそ、野菜たちが整然とひしめいている様は壮観だ。僕たちにもなじみがなくはない食材たちなんだけれど、やっぱり顔つきは違う。えごまやサンチュ、からし菜など、焼き肉を包む葉っぱがずらりと並んでいる店先があるし、コチュジャン専門店やキムチ専門店はもちろん充実。ナムル用だろうか、山菜や根野菜が盛りだくさんのお店とか、もちろんとうがらしも種類は豊富で、韓国の味がぎっしりだ。

현미찹쌀
적두 국산
찰수수 국산
찰기장

1근
1.500 원

まずは街に繰り出そう。
ソウルっ子の舌を満足させる味を、じっくり味わおう。

ソウルのおいしさを探せ

「ポドゥナムチプ」の、網焼きカルビ

野菜がたくさんの大満足

韓国は焼き肉がうまいのは言うまでもない。むしろ驚くのは一緒に出てくる野菜の、半端じゃない量と種類だ。肉を巻く野菜は、サンチュだけではない。蒸しキャベツ、からし菜、えごまの葉、白菜……と、いろんな葉野菜が盛りだくさんで、１切れの肉に葉っぱをあれもこれもと重ね巻きしてしまう。所狭しと並ぶ小皿のナムルやキムチを、手巻き風にはさんでもいい。
ごちそうさまして気がつけば、肉の何倍も野菜を食べていた。

真ん中の大皿には肉を巻く野菜が何種類も。サンチュ、えごま、アンディーブ、からし菜、白菜、蒸しキャベツ、ねぎなど。回りに並ぶのは、あえ物やサラダ類。左上はサンチュとねぎの韓国風サラダ。上はにらと玉ねぎと赤キャベツのサラダで、からしじょうゆで食べる。黄色いのはかぼちゃのサラダ。昆布とさざえとブロッコリーのあえ物もある。にんにくにとうがらし。キムチは水キムチと白菜、大根。こんなにいっぱいの野菜が、肉とセットになっている。
肉は骨つきカルビと、薬味をよくよくもみ込んだロース。カルビには切れ目がけっこう細かく入っているので食べやすい。料理ばさみで切りながらとり分けてくれる。このはさみ、韓国では台所でも食卓でも大活躍なのだ。

「古宮(コウクン)」の、ビビンパ

混ぜるほどおいしい

韓国では、作るときも〝混ぜる〟、食べるときも〝混ぜる〟。台所では材料に調味料をよく混ぜ込んで味をなじませるし、食卓ではおかずをご飯に混ぜて食べる。混ぜておいしくするのが、韓国料理の特筆すべきポイントだ。ビビンパは、もともとオモニ(お母さん)たちが残り物の野菜のおかずをご飯に混ぜて食べたのが始まりだとか。

ビビンパみたいに、食べる人が自分で混ぜるようにと、最初にきれいに盛ってあるのは、「まだ誰も手をつけていません。あなたのために作ったのですから」という意味もあるんだと、韓国の友人は言っていた。

ともかく、ビビンパは混ぜ方でおいしさに決定的な差が出る。間違っても〝ざっくりあえる〟ような中途半端さは許されない。とにかく混ぜる。ご飯の一粒一粒にナムルの薬味がまとわりついて、それはうまいのだから！

最近ソウルでも人気の石焼きビビンパもいいけれど(写真右)、ほっこり温かいくらいの伝統的なビビンパがぐっとうまい(写真左)。あつあつに熱しすぎると野菜の香りやうまみがとんでしまう。ビビンパは70°Cぐらいの温かさで食べるのが本来の食べ方らしくて、このお店でも真鍮の器で出している。たしかに、野菜のおいしさがそれぞれしっかり残っていて、「堪能いたしました」と思わず頭を下げました。

ご飯は牛スープで炊いたもやし入り。上にはきゅうり、しいたけ、大根、ぜんまい、かぼちゃ、トラジ(ききょうの根っこ)のナムルや、緑豆のお餅などがのっかっている。黄身と白身の薄焼き卵、栗やくるみなどの木の実も。色とりどりの材料で、医食同源の考えを表わす５色(赤、青、黄、白、黒)を表現している。

もちろんここでも、キムチやチヂミ、チャプチェ(春雨の炒め物)など、小皿が脇を固めている。

「デソンタックハンマリ」の、鶏鍋

鍋がこんなに手軽

とにかくソウルっ子は、汁物が大好きだ。鍋だって、朝でも昼でも気軽に食べる。もちろん、残った汁に麺やトック(餅)を入れて最後まで食べ尽くす。
この鶏鍋屋さんでも、OL(らしき女性)たちが昼間から鍋をつついていた。鶏1羽分入っていて3人分。鍋をグツグツ煮立ててすぐに食べられるのは、材料が下ゆでしてあるから。鶏肉が骨からほこっとはずれ、スープの味がしみ込んだじゃがいもはくずれそうでくずれない。うちに帰ってさっそくまねしたのがp.69。湯気の立つ、こんなうまい鍋をおなかいっぱい食べたあと、仕事をする気になるのだろうかと心配になるくらい。みんな、食べることがほんとうに好きなんだなあ。

大根や玉ねぎ、昆布などでだしをとり、鶏を下ゆでする。じゃがいもも同じように下ゆでし、仕上げに鍋でグツグツ煮る。鍋にはコチュジャンがたっぷり。特性のたれにつけて食べるが、これがまたうまい。酢じょうゆととうがらしのペーストにマスタード。よーく混ぜてね。
麺とトック(餅)は別注文(写真下)。具が少なくなったら、鍋に入れて最後まで食べ尽くす。

「パルドボサム」の、小皿料理の定食

おいしいものが少しずつ、たくさんの幸せ

韓国のおかずの魅力は、一にあれやこれやといろんな種類のものがたくさん並ぶこと。二に、どれもこれも、ご飯がすすむものばかりだってことだ。
ここ、街の定食屋さんでも、出てくる皿数の多さに圧倒された。10種類以上のおかずにみそ汁とご飯がついて、お代り自由で、たったの、ほんとにたったの400円。これだけ並ぶと、食べる前から浮き足立って「ご飯、お代り！」と叫んでしまいそうになる。しかも青野菜に根野菜、豆あり魚介ありで、バランスも言うことなし。どれも韓国の人たちがふだん食べている家庭料理だ。

ごぼうのきんぴらやもやしのナムル、黒豆やじゃがいもの煮物に、ほうれん草、きゅうりとトラジ(ききょうの根)など野菜料理が圧倒的に多いが、豚肉のつくだ煮、焼き魚、韓国風の茶碗蒸しなども。魚はいしもちで、韓国の人たちの好物だ。焼き魚以外はお代り自由。真ん中の黒っぽいのは揚げのりで、とても香ばしい。

これってありだよね!

「ムドゥンサン」の、麺入りクッパ

スープにご飯と麺

何時間も煮込んだ牛のスープが、体の隅々までしみ渡る。温かいご飯においしいスープをかけたクッパは、よく知られた韓国の定番料理だ。とその時、ご飯だけじゃなく、そうめんも入っているのに気がついた。へえ、このお店では、こんなことやってる。そうだよね、一緒に入れていいんだ、おいしいんだもの。こういう〝目からうろこ〟が旅の魅力。この食べ方、うまいのはわかっていたけれど、なぜかできなかったんだ。

牛骨や肉を大鍋で24時間以上煮込んだ牛スープ。ソルロンタンという。この店ではご飯とゆでそうめんが入っている。好みの量だけ塩、こしょうをふって、ねぎをどっさりのせて食べる。

3時間ローストしてから揚げる。脂がすっかり落ちたパリパリの皮に、やわらかくてジューシーな肉。これだけでもほっぺたが落ちそうなのに、にんにくの香りが揚げたての熱気とともに立ち上る。にんにくソースの作り方は〝ないしょ〟。にんにくでハーハーする口を、大根ピクルスで潤しながら食べる。

「磐浦(バンポ)チキン」の、にんにくチキン

フライドチキンに生にんにく

こんがり香ばしく揚がったチキンに、生にんにくがたっぷりのっかっている。にんにくが大好きな僕だけれど、ここまで大胆にやられると、まいりましたと言うほかない。にんにくソースはこの店のオリジナルレシピで、その強烈さがソウルっ子に大人気だ。
旅をすると、自分を縛っていたものから自由になっていく。ブレーキかけずに、もう一歩踏み越えてみようかっていう気持ちになる。だから旅はやめられない。

「粥郷(チュクヒャン)」の、おかゆ

朝にあつあつのおかゆ

韓国の食事といえば焼き肉にキムチ、とうがらしと、強烈なイメージが強いけれど、おかゆもとても身近な食べ物で、朝ごはんに欠かせないという人も多い。ほのかな香ばしさや甘みに、とろけるような舌ざわりで、食べすぎた僕のおなかをやさしくいたわってくれる。小皿のおかずをつまみながらすっかり平らげても、おなかは心なしか軽やかな気分。

おなかと心にほっこりやさしい

材料はすべて韓国産で、ごま油は自家製、化学調味料を使わない味つけと、オモニの心配りが隅々まで。鶏がゆやかきがゆなど、具がたっぷり入ったおかゆのほか、昔ながらの緑豆のおかゆや松の実のおかゆ、ほんのり甘みのある黒ごまがゆ。

あずき色にぽってり鈍く光るお汁粉は、見た目よりあっさりした甘み。具は栗、ぎんなん、松の実にお餅。シナモンの香りがする。お茶は韓方(漢方)茶。極めつけは鹿角湯(ノッカタン)で、ゼリー状にした鹿の角を、いくつかの生薬を煎じたお茶に溶かして飲む。たちまち体はほかほか。

「ソウルソ ドゥルチェロチャルハヌンチップ」の、お汁粉

具だくさんの お汁粉で一服

韓国では医食同源の考えが普段の食事に浸透しているのか、生薬が身近に、ごく自然に使われている。このお汁粉屋さんでは、松の実やぎんなんが入ったお汁粉を食べながら、生薬を煎じたお茶で一服。体の中を温かさがひたひたとめぐって、気持ちもゆるやかにほどけていく。こんなお店では、窓越しに通りを眺めながら、待ち人がいるふりをしていつまでも座っていたくなる。

店のオモニ。素朴で居心地のいい店内は、そのままオモニの人柄だ。

僕はソウルに友人がいる。曺相範(チョ サンボム)、通称サンちゃん。２年前、東京で写真修業中の彼と知り合った。気持ちのいい食べっぷりが忘れられないやつだ。
僕らはインサドンで待合せをした。久々の再会で話が弾む。屋台をひやかしながら街を歩いた。楽しいおやつの屋台であれやこれやとほおばって、再会の興奮がひとまず落ち着いたころ、サンちゃんは言った。ぜひうちに食べに来いって。オモニ(お母さん)の手料理を食べさせたいらしい。
サンちゃんみたいな食べ盛りの息子を持つ、韓国のオモニが作る家庭料理って、どんなんだろう。評判のお店とはまた違った素顔のおいしさに出会えるはず。僕には願ってもない申し出だ。

市場でソウルの友人のサンちゃんと待ち合わせた

ちょっと小腹を落ち着かせるつまみ風の食べ物を売る屋台のほか、おやつの屋台も充実している。カルメ焼きや鯛焼きに似たもの、米粉を揚げたようなおやつやさつまいものチップなど、懐かしくもジャンクなおやつがあちこちに。

屋台の味は韓国の少年の味

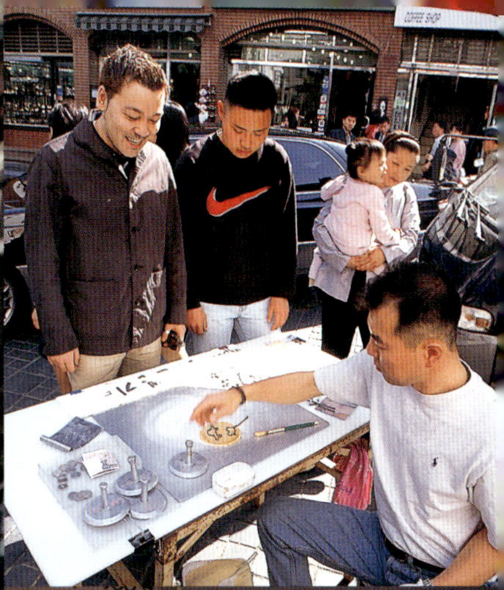

ソウルのお母さんの、台所

ソウルの人は毎日うちで何を食べているんだろう。
オモニの味ってどんな味なんだろう。
約束の日、わくわくしながらサンちゃんの家の門をたたいた。
現われたのは、びっくりするくらい若々しくてかわいいお母さんだった。
あいさつもそこそこに、オモニは言った。「ともかく買い物に行きましょう、
ついてきてくれる?」。もちろん! オモニと僕は、近くの市場へ買い出しに。

ソウルといえば南大門市場、東大門市場や京東市場が有名だが、一回り小さいながらも市場が街のあちこちにある。小規模とはいっても、食材の充実ぶりには目をみはる。これが韓国の家庭の味を支えているんだ。何人分の材料なんだろう、両腕に、背中に、野菜をいっぱい買い込んだオモニたちが行き交っていた。

調理道具はオモニの手

買い物から帰って、さっそく料理にとりかかる。オモニは調味料を合わせたボウルに、材料を一度にどさっと入れた。僕が手伝おうとおさじを手にとると、「手で混ぜるのよ！」。オモニはボウルに手を入れてこねるように混ぜはじめた。「おさじはいらないの。手のほうがおいしくなるのよ」

牛肉とたくさんの野菜を炒め合わせた、韓国風すきやきといわれるプルコギは、あらかじめ材料に下味をつけておく。手で、よくよくもみ込むように味をなじませるのがおいしさの秘訣。

韓国の家庭の味は、まさにオモニの手から生まれるんだ。

プルコギ

1　材料は牛薄切り肉と玉ねぎ、ねぎ、にんじん、きのこ類に赤とうがらし。

2　調味料はたっぷりのしょうゆと（肉100ｇに対して大さじ１ぐらい入れる）、韓国の清酒、砂糖。にんにくのみじん切りもけっこう入れて、しょうがのみじん切りも。ほかにすりごま、こしょう、ごま油、昆布だし、それに松の実。すきやきに似ているといわれるけれど、甘みは隠し味程度だ。

3　大きなボウルに調味料を入れてよく混ぜ、材料を全部入れて手でもむようによくよくなじませる。調味料も、オモニは手ではかって加える。

4　フライパンにごま油をひき、一度に炒める。汁気が多いので、炒め煮っぽい感じ。ご飯にかけて牛丼のように食べるのが韓国風。

圧倒的に野菜を食う

ナムルとは、野菜のあえ物のこと。どこの家でもよく作る。生野菜だけのサラダ風もあれば、ゆでたり炒めたりするもの、野菜以外の材料を加えたものなど、さまざまなナムルがある。いろんな野菜を彩りよく組み合わせ、味つけも材料に合わせて変化させるのが、きっとオモニの腕の見せどころだったり、その家の味だったりするんだろう。そして、ここでも登場するのがオモニの手。薬味がもみ込まれた野菜は驚くほどおいしくなって、やっぱりいっぱい食べてしまう。ご飯にナムルをのせて混ぜ、うまいうまいと平らげる。

五色ナムル

1　ナムルは、一皿一皿味つけが違う。しょうゆや塩などの塩っ気とごま油の香りが基本で、酢や砂糖やにんにくなどの薬味は入れたり入れなかったり。材料の持ち味を大切にしているのだ。

2　ほうれん草は塩味。しょうゆは入れない。一方、苦みのある山菜のナムルはしょうゆ味だ。どちらもゆでて、味を合わせる。

3　もやしは、塩とにんにくで味つけして、昆布だしを加えて炒め蒸し。トラジやぜんまいは、よく味をなじませてから炒める。

トラジときゅうりのサラダ

1　トラジは生でも食べられる。さいてあるトラジと斜め薄切りのきゅうりを合わせて、ごま油、酢、砂糖、にんにくを。

2　さらにコチュジャンやとうがらしで甘辛く味つけ。充分混ぜて。

3　韓国の人はこのトラジと呼ばれるききょうの根っこをよく食べる。見た目や歯ごたえが、ごぼうに似ている。街の市場には、トラジを山のように積んだ店だけが軒を連ねる横丁がある。皆、よほど好きなようだ。

どんぐり餅と春菊のあえ物

1　こんにゃくのように見えるのはトットリムックという、どんぐりのでんぷんを固めたもの。食感や味がくず餅に似ている。チーズカッターみたいな波形の専用ナイフで切るのは、調味料の味をからめやすくするためとにらんだ。

2　サンちゃんのオモニは、ねぎやにんじん、春菊など、香りの強い野菜を合わせていた。野菜は皆、同じように細い形に。

3　材料を全部ボウルに入れて、ごま油、酢、塩、しょうゆ、にんにく、砂糖、そしてとうがらしの粉を加えて混ぜる。

決め手はキムチ!

キムチというと日本では漬け物感覚だが、韓国ではおかずであり、料理に欠かせない薬味や調味料でもあるのだ。韓国のオモニたちが漬ける自家製キムチが、もちろん一番だけれど、僕たちがそれをまねて作ろうとしても、正直いって無理がある。
で、僕がサンちゃんのオモニにどうしても習いたかったのが、水キムチだ。白菜キムチに比べればぐっと手間いらずなのだ。お店でもよく出てきて、消化に抜群の効果を発揮する。
それから、サンちゃんのお父さんが「うちのは世界一」と自慢するキムチチヂミと、そのお父さんが自ら作るキムチチゲもごちそうになった。

水《みず》キムチ

1　白菜は一晩薄く塩漬けしておいたものを洗う。大根は四角く薄切りに。

2　漬け汁を作る。まずもち米の粉を水で溶く。この〝水溶きもち粉〟の量は、白菜$\frac{1}{4}$株に対して大さじ2～3だ。鍋に$1\frac{1}{2}$カップぐらいの水を沸かして水溶きもち粉を入れ、よく混ぜて火を止め、冷ます。冷めたら、塩と砂糖少々を加える。

3　漬け汁に大根と2㎝幅に切った白菜を入れる。ほかに加えた野菜はねぎ、にんじん、せり、きゅうりで、これらは香味づけといった感じだ。薬味はにんにくとしょうがの薄切り。赤とうがらしも小口切りにして加える。

4　常温で2～3日おいて発酵させる。ぶくぶくと泡が出てきたら発酵してきた証拠。冷蔵庫で冷やして食べる。水キムチは汁も全部食べる。

サンちゃんちでは赤い水キムチがみんなの好物らしく、普段はとうがらしを加えてピリッと辛く作る。とうがらしを布に入れて、汁に浸しておくのだとか。

半年前に漬けたキムチを取り出すオモニ。白菜を20株買って、寒い冬に漬け込む。やっぱり大仕事だ。温度が変わらないようにキムチのかめは庭の土に埋まっている。上の写真の３年物の古漬けのキムチは、水洗いしてからご飯に巻いて食べるとすごくおいしい！

1　キムチは古漬けの、少し酸っぱくなったくらいのものを使うとうまい。最初に、豚肉から出た脂で、キムチをじっくり炒めるのがアボジの秘訣らしい。だから、豚肉は脂身の多い三枚肉をたっぷり使う。

2　米のとぎ汁を加えて、沸騰したらでき上り。味をみてキムチの汁とにんにくを追加。「しゃきしゃきしたキムチが好きなら、あまり煮すぎないように。私はよく煮てとろっとやわらかくなったのが好きだがね」

アボジのキムチチゲ

サンちゃんのアボジ(お父さん)のチゲはいたってシンプル。材料はキムチと豚肉だけ。キムチにいろんな味がしみ込んでいるから、調味料は不要だ。でも「味つけする必要はないよ」と言いながら、おろしにんにくはたっぷり追加していた。

でき上がったら、まずインスタントラーメンを入れてチゲを楽しみ、最後にご飯を入れて汁を食べ尽くすのが、サンちゃんのアボジの流儀だ。

自慢のキムチチヂミ

どうしてサンちゃんのオモニのキムチチヂミがうまいかというと、キムチをたっぷり入れるからだ、とお父さんは言う。その割には思ったより辛くなくて、いくつでも食べられる。ほんとにうまい。

1　粉1カップに、なんとキムチは500gも入れる。あとは豚肉と、キムチの汁を適当に加え、ほかの調味料はいっさい必要なし。オモニは、ホットケーキミックスみたいなチヂミミックス粉を使ってた。

2　豚肉は混ぜ込んでもいいし、生地の上にのせて焼いてもいい。

チヂミって、こんなにいろいろ

串焼き

串に肉や野菜を刺して粉をはたき、とき卵をくぐらせて焼く。これもチヂミ。牛肉とエリンギ、にんじん、ねぎで。

僕らがチヂミで思い浮かべるのは、たいていお好み焼き風のものだが、本場韓国ではいろんな形がある。韓国の人はチヂミのことをジョン(焼くという意味)と呼んでいる。材料に衣をつけて焼いたものをいい、ピカタ風、ひき肉を使ったハンバーグ風などいろんな形があって、材料だっていろいろ。おやつ感覚で気軽に食べられるのがいいし、つまみにも合う。韓国では行事やお祝い事に、何種類ものジャンをテーブルに並べる。昔から、一族の女性たちが台所に集まってうわさ話に花を咲かせながら伝えてきた味なんだ、きっと。

豆腐とひき肉を詰めたチヂミ

1　豆腐とひき肉は同量。豆腐は水をきっておく。塩、こしょうとにんにく、しょうが、ごま油を加えてよく練り合わせる。

2　えごまの葉やしいたけ、とうがらしに具を詰め、粉をはたき、とき卵をくぐらせて焼く。

3　たれをつけて食べるとうまい。たれはしょうゆに赤とうがらしとねぎを混ぜたものだ。

おろしたじゃがいものお焼き

1　すりおろしたじゃがいもとえびに、ねぎと赤とうがらしを加えて粉を合わせる。

2　フライパンに、スプーンで落として焼く。

3　ほかにも、干しだらや韓国かぼちゃをとき卵にくぐらせて焼くだけの、ピカタ風のものも作ってくれた。

ハングル文字を型押しした豆腐。でかい。もちろん切売りする。

スープのない食卓はない

韓国の食事は、スープがなくては始まらない。キムチや焼き肉の陰でひっそりと目立たないけれど、焼き肉屋さんでも定食屋さんでもビビンパ屋さんでも、しっかり登場していた。韓国では器を持たずに置いたまま食べるのも、スプーンを使うのも、元はスープがメインの食文化からきているらしい。あつあつだから、お茶碗は持てないもんね。
オモニが作ってくれたのも、二日酔いにきくという干しだらのスープだ。どこの家庭でもよく作るという。だしに素材のおいしいエッセンスが溶けている。そのまま飲み干しても、ご飯を混ぜて食べてもOKだよ！

たらのスープ

1　昆布としいたけの軸でとっただしに干しだらを入れてしばらく煮、豆腐や野菜を加えて塩で味つけする。
2　とき卵を回し入れてでき上り。にんにくと赤とうがらしで最後を決める。

サンちゃんは徴兵制で訓練中の身。今回が初めての休暇だ。オモニは顔には出さないけれど、チャプチェを作る後ろ姿に、うれしさがにじんでいた。台所にはサンちゃんの写真が。右は、美人の妹。

息子を待つ日は手間をかけて

サンちゃんに好物を尋ねたら、チャプチェと答えた。近ごろ日本でもポピュラーになりつつあるチャプチェは、いわゆる春雨と野菜の炒め物だと思っていたけど、オモニが作るのを見て、ちょっと驚いた。全部一緒にばっと炒めるくらいに思っていたのだが、そんな大ざっぱな作り方じゃない。いくつもの材料を、味つけも別々に、炒めるのも別々にと、実はかなりの手間をかけるのだ。
一つ一つの味を大切にしながら、オモニはチャプチェを作る。息子はご飯にどっさりのせて黙々と食べる。息子も僕も、何杯もお代りをする。

チャプチェ

1　材料は牛肉と春雨と色とりどりの野菜。肉と野菜は同じような細切りにする。
2　牛肉はしょうゆ、ごま油、こしょうに、にんにくとすりごまとしょうがを加えて、よくもみ込む。きのことほうれん草にもそれぞれ下味をつけるが、きのこはしょうゆ味、ほうれん草は塩味だ。
3　春雨はゆでて、しょうゆ、こしょう、ごま油、にんにく、すりごまをもみ込む。
4　野菜類と肉、春雨を順に別々に炒め、最後にすべてを合わせてさっと炒め、味を調える。チャプチェは祝い事には欠かせない料理らしい。これだけ手間をかけるのも、食べれば納得、のおいしさだった。

もっともっと、
お上がり!

でき上がったおかずを食卓に並べると、ほんとにどれもこれも、ご飯に合うものばかりだ。サンちゃんも僕も、早くも２杯目のご飯。お代りをしたばかりなのに、オモニはもっとお上がり、たくさんお上がりとしきりに促す。かいがいしく世話をやいてくれるオモニは、立て膝座り。すぐに立って食事の世話ができるようにという伝統の姿なんだ。

韓国の人たちのもてなしは、「とりあえず食べていきなさい」と、お客に食事をすすめることだという。たしかに韓国の料理は、急にお客が来たって平気という感じ。作りおきできるものがいっぱいで、ご飯さえ炊いておけば、何人か増えたって痛くもかゆくもないという懐の深さがうれしい。
ああ、おなかいっぱい。ごちそうさまでした。

アボジ(お父さん)の曺棋洪(チョ キホン)さんと、オモニ(お母さん)の許蓮祚(ホ ヨンチョ)さん。

韓国でのおいしい記憶をアレンジした

レシピが、おみやげです！

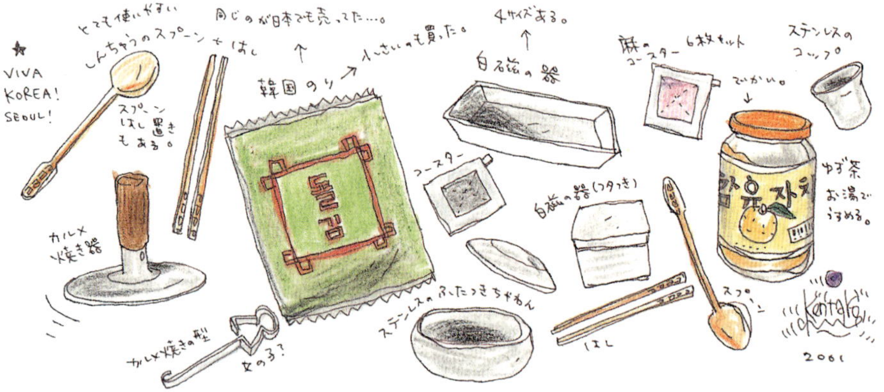

旅行にはたくさんの素敵な瞬間があるけれど、おいしいものに出会ったときほど素敵な瞬間は、ほかにはそうそうないと思う。

徹夜のハードワークも、びっくりするくらいの洗濯物も、スーツケースを抱えた駅の長い階段も、見慣れない地図も、にわか仕込みの片言の会話も、すべてはおいしいものと出会うためにある。飛行機で待たされたことや、タクシーにぼられたことや、ホテルの対応が悪かったことも、みんな許せる。

さらにどこかの家庭に行くチャンスがあったときには、その国の家での食文化まで知ることができるうえに、帰ってから今度は自分の家で作ることだってできる。そういうときには料理家でよかったと思う。あはは。

その土地土地の食べ物には、それぞれの文化や習慣や考え方がぎっしり詰まっているから、その国を理解するには食べ物以上のものはないと思うし、何よりもそんな文化や習慣を、おいしく平らげてすっかりおなかに入れられるなんて、考えただけでもうれしくなる。

前に誰かが「旅は最大の学校」と言っていたけれど、まさにまったくそのとおりで、大学よりもどこよりも教わることがたくさんある。

今回は韓国に行ってきた。

韓国には僕の好きなすべてがあった。にんにく、とうがらし、肉！　そうして何よりもたっぷりの野菜たち。こんなに野菜を食べる人たちってほかにいるだろうかっていうくらい、ほんとうにいろんな種類のいかす野菜のおかずがたくさんあった。

その上すべてがとても理にかなっている。肉のおかずも必ずサラダやナムルと一緒に食べるから、野菜不足とは無縁だし、焼き肉と一緒に大根の水キムチを食べれば消化促進に効果てきめんで、もたれることもない。栄養も含めて、そのバランスたるや完璧なのだ。

でもそんなことよりも何よりも、そのすべてがびっくりするくらいおいしくて、ご飯がいくらあっても足りない、というところが韓国の最高にいかすところなのだけれどね。

そういうことは、実際に行って見てみないと、なかなかわからないことだと思う。

オモニのナムルや、定食屋さんのれんこんがあるだけで、行くまでがどんなにつらくても、やっぱり旅行はやめられない。

小さなおかずたち

韓国は小さなおかずがほんとうに充実している。ほとんどがさっとあえただけで、作るのはとても簡単。
だけど、野菜だけでご飯がすすむ、そんな素敵なおかずたち。日本の食卓にもたくさん並べたくて、たくさん作った。

やさしいやさしい苦み

貝割れのあっさりナムル

頼りなげな貝割れ菜を、ぜひ独立デビューさせたかった。彼の身上は言うまでもなくほろ苦さだから、台なしにしないように湯通しみたいにさっとゆでる。まとめる油もくせのないサラダ油で。こんな一皿が何気なく置いてあると、思わずほほえんでしまう。

さっと湯通し、水にはさらさず

材料

貝割れ菜　2パック

A
- しょうゆ　小さじ1
- みりん　小さじ1
- サラダ油　小さじ½

作り方

1　貝割れ菜は根元を切り落として、塩少々(分量外)を加えた湯でさっとゆでる。ざるに上げて軽く水気を絞る。

2　ボウルに貝割れ菜を入れ、Aを加えてあえる。

すりごまたっぷり

黒ごまいんげんのナムル

いんげんのあえ物って、味の回りが中途半端な場合が多いけれど、このレシピでは心配無用。ごま油とにんにくのおかげで、からみがよくなっているのだ。ちょっと時間をおくと味がよりなじんで丸くなるよ。

太めのぽきぽきした歯ごたえを楽しもう

材料

いんげん　1パック

A
- おろしにんにく　½かけ分
- 黒すりごま　大さじ1
- ごま油　大さじ½
- 砂糖、しょうゆ、みりん　各小さじ1

作り方

1　いんげんは筋を取って、塩少々(分量外)を加えた湯でかためにゆでる。ざるに上げて水気をきる。

2　ボウルにいんげんとAを加えてあえる。

MEMO

しなしなのいんげんだと味が濃く感じる。歯ごたえをしっかり残してゆでるほうがいい。

すっかり味がしみ込んで
すごくジューシー

なすのピリ辛ナムル

なすってこんなにうまかったっけ?(もちろんなすはおいしい素材ですが)と思うほど、このナムルはことさらにうまい。調味料の合せぐあいがなすの水気とマッチしている、そんな感じかな。信じられないくらいご飯がすすむ。

豆板醤は隠し味程度に

材料

なす　3個

A
- おろしにんにく　½かけ分
- しょうゆ　小さじ1
- ごま油　小さじ1
- 豆板醤　小さじ½
- 塩、砂糖　各ふたつまみ

作り方

1　なすはへたを落としてピーラーで皮をむく。1㎝厚さの輪切りにして塩水(分量外)に2～3分さらす。

2　塩少々(分量外)を加えた湯でゆで、しんなりしたらざるに上げて水気をきる。

3　ボウルになすを入れ、Aを加えてあえる。

ごぼうは韓国ごはんにみごと合格!

ごぼうのトラジ風

ソウルっ子はトラジというききょうの根っこが大好きで、食卓には毎度登場。このトラジ、歯ごたえや風味がごぼうによく似ているので早速トライ。予想どおりごぼうもコチュジャンによく合って、立派に役目を果たしてくれた。ごぼうは偉い。

酢の酸味が隠し味

材料

ごぼう　1本

A
- おろしにんにく　½かけ分
- 黒いりごま　大さじ1～2
- 酢　小さじ1
- 砂糖　小さじ1
- コチュジャン　小さじ½～1
- しょうゆ、ごま油　各少々

作り方

1　ごぼうはたわしでこすって皮をむき、よく洗う。ささがきにし、薄い酢水(分量外)に2～3分つける。水気をきって、塩少々(分量外)を加えた湯でさっとゆでる。

2　ボウルにごぼうを入れ、Aであえる。

つぼみに味がじゅわーっとしみ込んで

ブロッコリーのナムル

大ぶりの房で歯ごたえよくゆでよう。ゆでるのはほんの15秒。みずみずしさがそのままで、韓国の味がしっかりしみていて、すごくフレッシュなナムルなのだ。

一味でピリッと

材料

ブロッコリー　1株

A
- おろしにんにく　½かけ分
- 白すりごま　大さじ1
- ごま油　大さじ½
- しょうゆ　小さじ1
- 一味とうがらし　適宜

作り方

1　ブロッコリーは小房に分け、茎はそぐように皮をむいて食べやすい大きさに切る。塩少々(分量外)を加えた湯でかためにゆで、ざるに上げて水気をきる。

2　ボウルにブロッコリーを入れ、Aを加えて混ぜる。

不思議なみずみずしさが

炒めズッキーニのナムル

僕はズッキーニが大好き。ほこほこして、水分がたっぷりなんだけれど水っぽくなくて。なすときゅうりの中間といった雰囲気だけれど、かぼちゃの仲間。韓国ではペチュかぼちゃのナムルがあって、「これを作るならズッキーニだな」とひそかに思っていたのだ。

炒めるから味がぐっとなじむ

材料

ズッキーニ　1本

サラダ油　大さじ1

塩　少々

A
- おろしにんにく　½かけ分
- 白すりごま　大さじ1
- 塩、砂糖　各ふたつまみ
- ごま油　少々

作り方

1　ズッキーニは5㎜厚さの半月切りにする。

2　フライパンを熱してサラダ油をひく。ズッキーニを入れて塩をふり、しんなりするまで中火で炒める。

3　2をボウルに移し、Aを加えて混ぜる。

カレー風味のしゃきしゃきもやし
もやしのカレーナムル

もやしって、ピリ辛味がとてもよく合うし、韓国でもナムルや炒めあえによく登場する。オモニ(お母さん)の味つけに僕はちょっとひねりを加えて、カレー粉を加えた。しゃきしゃきの歯ざわりに刺激的な一撃が魅力。

砂糖でこくが出る

材料

豆もやし　1袋

A
- おろしにんにく　½かけ分
- 砂糖　小さじ1
- しょうゆ　小さじ½
- カレー粉　小さじ½
- 塩　ひとつまみ
- ごま油　少々

一味とうがらし　少々

作り方

1　もやしは、気になればひげを取って、塩少々(分量外)を加えた湯でゆでる。ざるに上げて水気をきる。

2　ボウルにもやしを入れ、Aであえる。器に盛って、好みで一味とうがらしをふる。

毎日食べたくなる基本のナムル
ほうれん草のごまナムル

日本では、ほうれん草はしょうゆとおかか、とか、ごまじょうゆで、という人が多いけれど、韓国では塩味にする。あとはごま油とにんにくとたっぷりのすりごま。それからちょっぴりの砂糖の隠し味で、味が丸くなる。

塩味きっちり、ごまをたっぷり

材料

ほうれん草　1束

A
- おろしにんにく　½〜1かけ分
- 白すりごま　大さじ3
- ごま油　大さじ1〜2
- 砂糖　ふたつまみ

塩　適宜

作り方

1　ほうれん草は塩少々(分量外)を加えた湯でさっと(15秒ぐらい)ゆでて水にとり、よーく洗ってしっかり絞る。5㎝長さに切る。

2　ボウルにほうれん草を入れてAを加え、あえる。塩は味をみながら加える。

これぞ100点満点のまろやかさ
にんじんのバターナムル

炒めるナムル。油をまんべんなく回して、ややしんなりと火を通すのがいい。ほんのり甘くて、バターの香りがふわーっと広がる。マッチ棒みたいに切りそろえるのがポイント。火の通りも、歯ごたえ、味つけもきれいにそろって、まろやかさが生きる。

仕上げの黒こしょうで120点

材料

にんじん　1本
サラダ油　大さじ1
塩、砂糖　各ひとつまみ
バター　小さじ1〜2
黒こしょう　適宜

作り方

1　にんじんは皮をむいて2㎜厚さの斜め切りにしてから、細切りにする。

2　フライパンを熱してサラダ油をひき、にんじんを入れて中火で炒める。

3　にんじんがしんなりしてきたら塩、砂糖を入れて混ぜる。火を止めてバターを加えてからめ、好みでこしょうをふる。

ねぎのとろみにごま油の香りが

焼きねぎの塩あえ

長ねぎはちゃんと火を通すと、中がとろりとしてぐんとおいしくなる。表面だけ焦げてしまわないように、油を多めに、よく転がしながら焼こう。ねぎの甘みが、一味のとんがった辛さでぐっと引き立つのだ。

にんにくで、もうひと味の風味を

材料

長ねぎ　2本

ごま油　大さじ1

塩　少々

A
- おろしにんにく　少々
- ごま油　小さじ1
- 塩　ふたつまみ
- 一味とうがらし　適宜

作り方

1　ねぎは7～8㎝長さに切ってから、縦半分に切る。フライパンを熱してごま油をひき、ねぎを入れる。塩をふって強火で炒める。

2　ねぎに焼き色がついたらボウルに入れ、Aを加えてあえる。

田楽みたいに甘みをきかせて

こんにゃくの辛みそあえ

ソウルで食べた「どんぐり餅」のあえ物。食感はこんにゃくとくず餅の中間。韓国の甘辛さとよく合うんだ。で、僕はこんにゃくで。

手でぐちゅぐちゅとよくもみ込もう

材料

こんにゃく(白、黒)　各1枚

青ねぎ(または万能ねぎ)　½束

A
- おろしにんにく　½かけ分
- 砂糖　大さじ1
- しょうゆ　大さじ½～1
- 赤みそ　大さじ½
- 酢　小さじ2
- ごま油、コチュジャン　各小さじ1
- いりごま(白、黒)　各少々

一味とうがらし　適宜

作り方

1　こんにゃくは縦半分に切ってから、5㎜幅に切る。熱湯で1～2分ゆでる。

2　こんにゃくの水気をきり、熱いうちにボウルでAとあえる。5㎝長さに切った青ねぎも加える。器に盛って、一味をふる。

たこもびっくり、パワフルに決める

たこのコチュジャンあえ

ゆでだこはほんとに便利。下ごしらえ不要ですぐに料理できるし、いろんな味になじんでくれる。しかしそんなたこも、今日はちょっと驚いたろう。コチュジャンとにんにくで、僕にとってはねらいどおりの味だけれど。

甘みがちの味つけが成功の秘訣

材料

ゆでだこ　250g

A
- おろしにんにく　½かけ分
- おろししょうが　½かけ分
- みりん　大さじ1
- コチュジャン　大さじ½
- みそ　小さじ1
- 砂糖　ひとつまみ

作り方

1　たこは5㎜厚さに切ってボウルに入れ、Aを加えてあえる。

MEMO

コチュジャンやみそは、ものによって甘みがけっこう違う。味をみて、みりんで調節してください。やや甘めのほうがおいしいはず。

あめ煮のようにまとわりつく甘辛さがたまらない

れんこんのこってり甘煮

ソウルの定食屋さんで食べたれんこんのもちもちが忘れられなくて、おいしい煮物を作ったよ。〝煮物〟だからって、難しいことは何もない。調味料入れてれんこん入れて、ふたして火をつけて、ただそれだけ。煮汁がとろりと煮つまっていいにおいが漂ってくる。

分厚く切ってもちもち感を楽しもう

材料

れんこん　300ｇ

A
- 砂糖　大さじ３
- みりん　大さじ1½
- しょうゆ　大さじ1½
- サラダ油　大さじ½
- 水　1½カップ

作り方

１　れんこんはピーラーで皮をむいて７㎜厚さの輪切りにする。薄い酢水(分量外)に２～３分つける。

２　鍋にAを入れて煮立たせ、水気をきったれんこんを入れる。ふたをして、途中で何度か混ぜながら、強めの中火で30分煮る。

みりんだけでこんなにカリカリうまいなんて！

ごまじゃこ

ごまたっぷりで、贅沢なほど香ばしい。じゃこに塩気があるので、味つけはみりんだけでいい。じゃことごまが、いい味出してくれるんだ。よく混ぜながら炒めるのがポイント。ごまもじゃこもどっさり使おう。

よく混ぜながら炒めよう

材料

じゃこ　大さじ４～５

白いりごま　大さじ３

ごま油　大さじ½

みりん　大さじ½

作り方

１　フライパンを熱してごま油をひき、じゃこ、ごまの順に入れて、よく混ぜながら弱火で炒める。

２　じゃこが透き通ってきたら、みりんをジャッと加えてからめる。

MEMO

炒めている途中でフライパンが乾いてきたら、ごま油を足そう。油の足し加減をうまくやれば、カリカリッ。

香ばしくてボリュームがあって
韓国のりのピカタ

人気上昇中の韓国のりは、もちろんそのままでもつまみにいいけれど、てんぷら感覚でピカタ風に作ってみた。卵の衣で、香ばしさに甘みとふんわりした歯ざわりが加わって、格別の味なのだ。

のりを並べるときは、いったん火を消して

材料

韓国のり（約5×10㎝のもの） 10枚
卵　1個
サラダ油　適宜
ごま油　少々

作り方

1　バットに卵を割り入れ、よくといておく。
2　フライパンを熱してサラダ油とごま油をひく。のりをバットの卵に浸して両面にたっぷりつけ、フライパンに並べていく。弱めの中火でいい焼き色がつくまで焼く。

MEMO
のりを並べるとき、うかうかしているとたちまち焦げてしまうので、いったん火を止めて並べるほうがいい。

ごま油の香りがまんべんなく回って
ごぼうのきんぴらナムル

ソウルの定食屋さんでも、ナムルなんかのあえ物に混じって、きんぴらが出てくる。日本のきんぴらそっくりの、甘くてぴかぴかのやつだった。きんぴらのポイントは、歯ごたえ。手早く炒めよう。

調味料をさっと絡める

材料

ごぼう　1本
赤とうがらし　3本
ごま油　大さじ1
みりん、しょうゆ　各大さじ1

作り方

1　ごぼうはたわしでこすって皮をむき、よく洗う。6～7㎝長さに切ってから細切りにし、薄い酢水(分量外)に2～3分つける。
2　フライパンを熱してごま油をひき、水気をきったごぼうを入れて強火で炒める。ごぼうがしんなりしてきたら、へたと種を取り除いた赤とうがらしを加えて炒める。
3　みりん、しょうゆを加えて、強火にしてからめる。

忘れられないさっぱり感

玉ねぎのからし酢じょうゆ

韓国の焼き肉屋さんで、肉にはさんで食べた玉ねぎサラダが、頭に、いや舌にこびりついて離れない。酢じょうゆにからしを加えたたれが、これほど玉ねぎに合うとは。生玉ねぎの悩ましいにおいが、すがすがしい味わいの中にもしっかり楽しめます。

エシャロットを加えていっそうさわやか

材料

玉ねぎ　1個

エシャロット　1束

貝割れ菜　少々

A
- 酢　大さじ2
- 砂糖　大さじ1
- しょうゆ　大さじ1
- 練りがらし　小さじ½～1

作り方

1　玉ねぎは縦薄切りにし、エシャロットは斜め薄切りにする。

2　ボウルにAを合わせ、玉ねぎとエシャロットを入れてあえる。盛りつけて貝割れ菜をのせる。

むしゃむしゃほおばる

葉サラダ

ナムルばっかりじゃなく、葉っぱの生サラダも欲しい。レパートリーに韓国風葉サラダを加えよう。サラダなのに、ご飯と一緒に食べたくなる味。葉っぱはなんでもいい。

塩、こしょうは後で好みで

材料

リーフレタス　½個

長ねぎ　1本

A
- おろしにんにく　少々
- いりごま(白、黒)　各大さじ1
- ごま油　大さじ1
- 酢　大さじ1
- しょうゆ　大さじ½
- コチュジャン　小さじ1
- 砂糖　ふたつまみ
- 塩、こしょう　各少々

作り方

1　レタスは一口大にちぎる。ねぎは斜め薄切りにする。

2　ボウルにAを合わせ、レタスとねぎを加えて混ぜる。

ほんのり甘くてマイルドで

かぼちゃのサラダ

ゆでかぼちゃのサラダには、シナモンを少しふるといい。かぼちゃの甘さに香りのある甘みが加わって、ウィンクしたくなるようなおいしさに変わる。ソウルの焼き肉屋にも、こんなマヨネーズ味のサラダがあるんだよ。

松の実で韓国っぽく、歯ごたえもリズミカル

材料

かぼちゃ　¼個

A
- 松の実　大さじ2
- マヨネーズ　大さじ1
- 砂糖　大さじ1
- 塩　ひとつまみ
- シナモン　少々

作り方

1　かぼちゃは皮をそぐようにむいて2～3㎝角に切る。鍋に入れてひたひたの水を加え、竹串がすっと通るくらいまでゆでる。

2　ボウルにAを合わせ、かぼちゃを加えて軽くつぶして混ぜる。

肉にもみ込んだ味が、
いっぱいの野菜にしみ込む
チャプチェ

作り方p.50

韓国でポピュラーな、春雨のもちもちした歯ざわりが魅力的な炒めあえ。ただし、それは韓国春雨だからこそ実現できるもの。だからって、あきらめるのは早い。「マロニー」を使えば、かなり近い線までいく。味を肉によくよくもみ込むと、うまいチャプチェができ上がるよ。

1　2　3　4　5　6　7　8　9

チャプチェ

よく炒めて味をなじませるのがケンタロウ流

カラーp.49

材料

マロニー　100ｇ
豚肩ロース肉(薄切り)　150ｇ
赤ピーマン　１個
エリンギ　１パック
にんじん　½本
玉ねぎ　½個
ほうれん草　½束
きくらげ(乾燥)　大さじ２

A
- おろしにんにく　½かけ分
- 砂糖　大さじ１
- しょうゆ　大さじ½
- ごま油　小さじ１
- こしょう　適宜

ごま油　大さじ２～３
しょうゆ　大さじ１
砂糖　小さじ１～２
白すりごま　大さじ３～４
塩、こしょう　各適宜
一味とうがらし　適宜

作り方

１　きくらげは表示に従ってもどす。マロニーも表示に従ってややかためにゆで、ざるに上げて水気をきる。

２　豚肉は一口大に切る。ピーマンは縦細切りにする。エリンギは大きければ長さを半分に切り、３㎜厚さに切る。にんじんは３㎜厚さの斜め薄切りにしてから細切りにする。玉ねぎは縦薄切りにする。ほうれん草はゆでて、５㎝長さに切る。

３　ボウルに豚肉を入れ、Ａを加えてよーくもみ込む(写真２)。

４　フライパンを熱してごま油をひき、玉ねぎ、にんじんを入れて強めの中火で炒める。油が回ったらエリンギを加えて塩、こしょうを少々ふって炒める(写真３、４)。

５　野菜がしんなりしたら脇に寄せて、あいたところに肉を入れて炒める。肉の色が変わったら全体を混ぜる(写真５、６)。

６　ピーマン、ほうれん草、マロニー、きくらげを加えてよく炒め、しょうゆ、砂糖を加える。味をみながら塩、こしょうで調え、すりごまをざっと加えて混ぜる。よく炒めて味をなじませる(写真７～９)。

７　器に盛って、好みで一味とうがらしとごま油(分量外)をふる。

MEMO

「マロニー」は、じゃがいもでんぷんを主材料にした太い春雨の商品名。

日本の普通の材料で、韓国の知恵を借りて

韓国ごはんだからって、韓国の食材がなければ作れないなんて、そんなの日本では意味がない。

日本で作るんだから、ふらっとその辺のスーパーマーケットや、八百屋さんや、お肉屋さんに行って、ごく普通に買えるもので作りたい。そう思ったから、韓国では特別な素材はなーんにも買ってこなかった。

日本でも韓国食材専門店はあるし、おいしいキムチを売っていたりして買うことだってあるけれど、毎回毎回専門店に行くのは、どう考えても現実的じゃない。

だって僕が出会った韓国ごはんは、気取りがなくてご飯のすすむ、最高の家庭料理ばかりだったから。毎日でも食べたくなるようなそんな味なのに、スーパーでそろわないんじゃはじまらない。

韓国の食材に似ているけれど少し違う、そんな日本の食材を、韓国の知恵を借りて料理した、日本の食卓にぴったりの韓国ごはん。そういうものが作りたい。

無理して本場の素材を使うよりも、そのほうが日本の風土や、気候や、街並みや、気分に、ずっとずっと合うと思う。だってここは韓国じゃない。

だから特別な素材は使いません。

強いて言えば、コチュジャンかな。コチュジャンだけは韓国の特別なもの。でも最近ではスーパーでも手に入るようになったよね。

韓国には水《みず》キムチという素敵なキムチがある。
その名のとおり汁だくさんのキムチで、汁を飲みながら食べる。
あっさりしていて奥深くて、とてもとてもおいしい。
でもオモニに習うまでは、白玉粉を使うとは知らなかったな。

あこがれの水キムチ

セロリの風味がきいている
きゅうり＋セロリ
作り方p.55

とうがらしでピリッと
白菜
作り方p.55

ほんのり甘く
大根＋にんじん
作り方p.55

1

2

3

4

水キムチ
白玉粉でまろやかに

基本の漬け汁

材料

にんにく　1かけ
しょうが　1かけ
白玉粉　大さじ2
水　3½カップ
砂糖　ひとつまみ
塩　大さじ1

作り方

1　漬け汁には白玉粉を使う(白玉粉は、もち米の粉。写真1)。にんにくとしょうがは薄切りにしておく。

2　白玉粉を小さなボウルに入れ、水を½カップ加えてよーく混ぜる(写真2)。

3　残りの水を鍋に入れ、2を加えてよく混ぜ、火にかける。泡立て器で混ぜながら、中火で煮溶かす(写真3、4)。

4　にんにく、しょうが、砂糖と塩を加えてさらに混ぜながら火を通し、半透明になってとろみがついてきたら火から下ろして、冷ます。

5　野菜を切ってボウルに入れ、4を注ぐ。普通のキムチは野菜を丸ごと漬けるが、水キムチは食べやすい大きさに切って漬ける。早く食べたいからね(写真5～7)。

7　ラップフィルムをかけ、寒い時季なら常温で、暖かい時季は粗熱を取って冷蔵庫で1日おく。よく冷やして食べるとうまい。

5

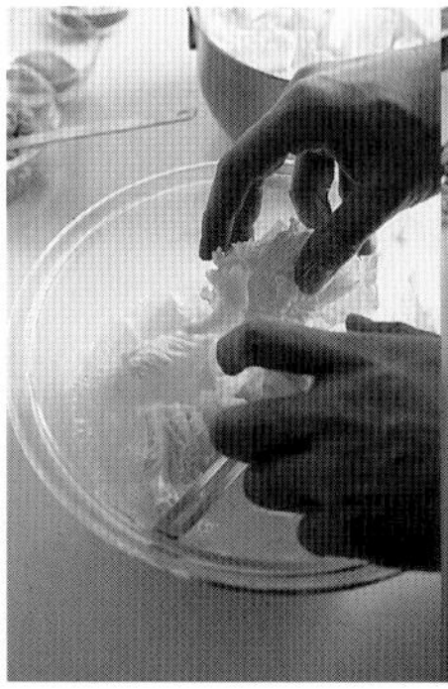

6

7

野菜のおいしさが出て、少しずつ味わいが違ってくる。僕が作ったのは５月で、常温で丸１日おいただけでおいしく食べられた。

きゅうり＋セロリ

野菜の歯ざわりが
水キムチのさわやかさにぴったり

カラーp.52

材料

きゅうり　４本

セロリ　２本

作り方

きゅうりは７㎜厚さの輪切りにする。セロリはピーラーで皮をむいて２～３㎝長さに切る。大きければさらに２～３等分に切る。共にボウルに入れ、漬け汁を注いで混ぜる。

白菜

早く漬かるのがうれしい

カラーp.53

材料

白菜　¼株

赤とうがらし　３本

作り方

白菜は根元を切り落として、３㎝角ぐらいのざく切りにする。赤とうがらしはへたと種を取り除く。共にボウルに入れ、漬け汁を注いで混ぜる。

大根＋にんじん

にんじんは薄めに切る

カラーp.53

材料

大根　10㎝

にんじん　小１本

作り方

大根は皮をむいて５㎜厚さのいちょう切りにする。にんじんは皮をむいて３㎜厚さの半月切りにする。共にボウルに入れ、漬け汁を注いで混ぜる。

野菜がうまいから
肉がうまい
韓国焼き肉
作り方p.58

特別厚く切ってもらったカルビに、味をよくよくもみ込んで、ミディアムレアにざっと焼いて、好きな野菜でいっぱい巻いて……はあーっ、思い出しただけで気分が高揚する。

ご飯にのせて
どんぶりにしても
まぐろのごまじょうゆ
作り方p.58

魚だって、韓国焼き肉みたいに野菜で巻こう。ごま油やコチュジャンをよくなじませると、巻いて巻いてが楽しめる。焼き肉にこんな一皿を加えてもいいよね。

ささっと作れる野菜の小皿
ねぎのピリ辛
作り方p.58

シンプルで刺激的なあえ物をもう一品。右ページ右下のねぎがそれ。カルビ肉に特によく合う。ねぎ自体香りが強いし、にんにく、コチュジャン、一味とうがらしと刺激的な薬味が次々加わるこんなあえ物こそ、ひとつまみの砂糖が生きる。

食卓で巻くおいしさ

巻き野菜は、なんでも好きなものを重ね巻きしよう。ナムルもあれやこれやと好きなだけ、はさもう。オモニならたぶんこう言う、「さあ、どんどんお食べ！」

いろんな葉っぱが楽しい！

大葉
強い香りは焼き肉にぴったり。巻いても、肉にはさんでもいいね。

ゆでキャベツ
ボリュームがあって、野菜をいっぱい食べたぞという気になる。

生の白菜
さくさくしたフレッシュな歯ざわりが甘辛い肉によく合う。

サンチュ
これだけじゃなく、ほかの葉っぱと一緒にくるんでもいいよ。

自分の好みでいろんな葉っぱに肉やサラダやナムル、ご飯を入れて、巻いて食べる。野菜もたくさんおいしく食べられるし、何より自分で巻いて食べる楽しさは格別のもの。バランスも楽しさも両立で、うれしくなる。

韓国焼き肉

たれつきの肉は焦げやすい。
強火の中火で加減しながら

カラーp.56

材料

牛カルビ肉　600ｇ

A
- おろしにんにく　3かけ分
- 赤みそ　大さじ1
- しょうゆ　大さじ1
- 砂糖　大さじ1
- 日本酒　大さじ1
- コチュジャン　大さじ½

サラダ油　適宜

作り方

1　ボウルに牛肉を入れ、Aを加えて手でよーくもみ込む。

2　フライパンをよく熱してサラダ油をひき、強めの中火で両面好みの色になるまで焼く。

まぐろのごまじょうゆ

いかでもかつおでもいけるよ

カラーp.56

材料

まぐろの刺身　1さく

青ねぎ（または万能ねぎ）　½束

A
- おろししょうが　1かけ分
- ごま油　大さじ1
- しょうゆ　大さじ1
- コチュジャン　大さじ½
- 砂糖　ひとつまみ

作り方

1　まぐろは2㎝角に切る。青ねぎは5㎝長さに切る。

2　ボウルにまぐろと青ねぎを入れ、Aを加えてあえる。

ねぎのピリ辛

砂糖がピリ辛のまとめ役

カラーp.56

材料

長ねぎ　2本

A
- おろしにんにく　1かけ分
- ごま油　大さじ1
- いりごま（白、黒）　各小さじ1
- コチュジャン　小さじ½～1
- しょうゆ　小さじ½
- 砂糖　ひとつまみ
- 塩　適宜
- 一味とうがらし　適宜

作り方

1　長ねぎは斜め薄切りにする。ボウルにAを合わせ、ねぎを加えてあえる。

MEMO

ゆでたキャベツ、白菜、サンチュ、大葉などを、好き好きに巻いて食べてください。ねぎやにんにくの薄切り、キムチ、各種ナムルも肉にはさむなどして楽しんで。

焼き肉・マイ・ラブ

韓国はほんとに野菜料理のいかす国だけれど、肉だってもちろん最高にいかす。

焼き肉を食べるときはいつも「これを考えた人は偉い！」と思わずにはいられない。

甘辛のたれにからまった肉が網の上でジュジュジュジュ……なんていっちゃったときには、ああやっぱり肉はいいよなあ、と、心の底から拍手を送るね、毎回。

韓国ではその上、肉をさらにおいしくする野菜たちまでもが大量に出てくるから、肉にも野菜にも拍手を送ることになる。

さらに韓国でよく行く店にいたっては、お店の人が焼いてくれて、ただおとなしくじーっと待っているだけで、ベストな状態の肉が次々と皿に盛られてゆくから、お店の人にまで拍手を送らなきゃならなくなる。

肉１枚で心の両手はちぎれそうです。

でもそういうヨロコビと興奮が肉にはある気がする。だから僕は肉が好きです。

家で作るときは、ただじーっと待ってるわけにはいかないし、炭火というわけにもなかなかいかないけれど、それでもヨロコビはまったく同じ。

フライパンで焼くときに注意するのは、焦げやすいってことくらい。たれのついた肉が鉄板にじかに当たるから、砂糖やしょうゆが焦げるというわけだ。

でもその焦げた感じが、家ならではのおいしさで、今度は自分にまで拍手を送ることになったりして。

どうしても焦げるのはいや、というときには、たれをからめずに焼いて、焼けてからジャーッとたれを注いでからめる方法もいい。それだってもちろん、ヨロコビと興奮は変わらないけれど、つけ込むときより調味料は少ーし減らしたほうがいいと思う。

焦がした香ばしいおいしさも、焦がさないおいしさも、どっちも味わえるのは家の特権だし、どっちだって当然ご飯もビールもすすむ。

やっぱりつくづく肉は偉いのです。

韓国おかずはご飯がすすむ。だから韓国で出会った人たちは、
みんなご飯が大好きだった。ものすっごくこってりというわけじゃないけれど、
パンチがあってご飯が欲しくなる、そんな味。ご飯はたっぷり炊いてください。

ご飯においしいものばかり

韓国で見つけた にんにくチキン

作り方p.62

強烈なにんにくソースがのっかった、ソウルのとある店のオリジナルフライドチキン。生にんにくに対抗するには、チキンをひたすらこんがり揚げること。皮がパリパリに香ばしく揚がれば、勝利はもう目の前だ。

みずみずしい辛さ!
豚と小松菜とエシャロットの辛みあえ

作り方p.63

小松菜っておいしいよね。肉厚の葉に水分をよく含んで、青々しているのにえぐみはないし、誰とでも仲よくなれる。ゆでてあえただけのこのレシピは、エシャロットの風味がポイントなのだ。

甘辛さがからっとまとわりついた
カルビの肉じゃが

作り方p.63

僕の肉じゃがはフライパンで作る。そして今回の肉じゃがは、カルビで作る。調味料を入れたらふたをして、グツグツぐらぐら煮てOK。じゃがいもの角がちょっと取れるくらいででき上り。じゃがいもがほくほくして、表面は甘辛くこんがりして、二重の喜び。

にんにくチキン

肉に火が通っても、
きつね色になるまでじっくり揚げる

カラーp.60

材料

鶏肉(ぶつ切り)　1羽分

A
- 薄力粉　大さじ1
- 塩　大さじ½
- 日本酒　大さじ½
- セロリパウダー　適宜
- こしょう　適宜

おろしにんにく　2かけ分

サラダ油　小さじ1

こしょう　適宜

揚げ油　適宜

作り方

1　鶏肉は水気をペーパーなどでふいてボウルに入れ、Aを加えて均一になじむようによーくもみ込む。

2　フライパンに揚げ油を深さ3～4㎝ほど入れて中温に熱し、鶏肉を皮を下にしてぎっちり入れる。ふたをして弱めの中火で8～10分揚げる。

3　10分たったら返して、再びふたをして8～10分揚げる。竹串を刺して濁った汁や血が出てこなくなったら強火にして、ふたをせずに、大きく混ぜながらからっと仕上げる。

4　おろしにんにく、サラダ油を混ぜ合わせ、揚げた鶏にぬる。こしょうもふる。好みで塩(分量外)をつけながら食べる。

MEMO

ふたをして中まで火を通す。蒸し揚げっていう感じかな。火が通った後はふたを取って、こんがりおいしそうな色になるまで揚げる。

豚と小松菜とエシャロットの辛みあえ

豚肉はバラか肩ロースに限る！

カラーp.61

材料

豚バラ肉(薄切り)　200g
小松菜　1束
エシャロット　1束
白菜キムチ　200g

A	おろしにんにく　1かけ分
	ごま油　大さじ1～2
	しょうゆ　大さじ1
	白すりごま　大さじ1
	砂糖　小さじ½
	一味とうがらし　適宜
	塩　適宜

作り方

1　豚肉は一口大に切る。エシャロットは斜め薄切りにする。キムチは大きければ適当な大きさに切る。

2　鍋に湯を沸かして塩少々(分量外)を加え、小松菜をさっと(15秒ぐらい)ゆでる。水にとってよく洗い、水気を絞って5㎝に切る。続いて同じ湯で豚肉をゆでる。色が変わるまでしっかりゆでてざるに上げ、水気をきる。

3　ボウルに小松菜、豚肉、エシャロット、キムチを入れ、Aを加えてあえる。

MEMO

豚肉はバラか肩ロースを。ほかの部位だとぱさついてしまう。

カルビの肉じゃが

玉ねぎと肉に味をよくからませてから、じゃがいもを並べる

カラーp.61

材料

牛カルビ肉　200g
じゃがいも　3個
玉ねぎ　1個
白菜キムチ　150g
ごま油　大さじ1

A	しょうゆ　大さじ2
	砂糖　大さじ1
	みりん　大さじ1
	コチュジャン　小さじ1～2

いりごま(白、黒)　各大さじ1

作り方

1　じゃがいもは皮をむいてゴロゴロ大きめに切って、水に2～3分つけておく。玉ねぎは縦薄切りにする。牛肉、キムチは食べやすい大きさに切る。

2　フライパンを熱してごま油をひき、玉ねぎを強火で炒める。火加減は終始強火。玉ねぎがしんなりしたら脇に寄せて、あいたところに牛肉を入れて炒める。

3　肉の色がだいたい変わったら全体を混ぜる。Aの調味料を次々加えてからめる。キムチを加えて混ぜ、水気をきったじゃがいもを加えて平らにならす。

4　じゃがいもの頭が少し出るくらいまで水を加え、ふたをして強火のまま煮る。

5　途中で何度か返して煮汁を全体にからめる。じゃがいもに竹串がすっと通るようになったらふたを取って、ごまを加えて混ぜる。じゃがいもがやわらかくなる前に水分がなくなったら、水を適宜足す。

塩とごま油のシンプルな味で
豚バラ肉にぐぐっと迫る

ねぎと豚バラの塩炒め

作り方p.66

韓国焼き肉ですこぶるうまい豚バラ肉を、台所でぱぱっと作りたくて、フライパン炒めに。

ごろんと転がる
卵の照りが食欲をそそる

鶏と卵のこってり煮

作り方p.66

しつこくない甘みはごま油のおかげ。残った煮汁をご飯にかけて生卵をのせて食べよう。

かっこよく決める!

ぶりのコチュジャン焼き

作り方p.66

ピリ辛のたれはたっぷりだけれど、辛さが出しゃばらず、ぶりそのものがおいしくなる。

キムチの薬味と
カレーのスパイスが混然一体

いかと大根のキムチカレー

作り方p.66

具の不思議な組合せは計画的。いかの味がしみたジューシーな大根が、おいしいんだ。

やわらかいバラ肉に
しゃきしゃきキムチが合う!

ゆで豚のキムチ巻き／豚ねぎスープ

作り方p.67

バラ肉のゆで汁にはおいしいだしが出ているので、これはぜひスープに。特製ねぎだれ(すぐ作れます)を各自適宜加えて飲んでください。おかずとスープがいっぺんにできるよ。

ねぎと豚バラの塩炒め

おろしにんにくを最後に

カラーp.64

材料

豚バラ肉(薄切り)　200g
長ねぎ　3本
おろしにんにく　1かけ分
ごま油　大さじ1～2
砂糖　ひとつまみ
塩、こしょう　各適宜

作り方

1　豚肉は一口大に切る。長ねぎは10㎝長さの斜め切りにする。

2　フライパンを熱してごま油をひき、豚肉を入れて塩、こしょうをふり、強火で炒める。

3　肉の色が変わったら脇に寄せて、あいたところに長ねぎを入れて炒める。長ねぎに焼き色がついたら全体を混ぜ、砂糖を加える。味をみながら塩、こしょうで調味して、最後におろしにんにくを加えてざっと混ぜる。

鶏と卵のこってり煮

キムチを入れてもうまい

カラーp.64

材料

鶏もも肉　2枚
ゆで卵　6個

A
- 水　¾カップ(150㎖)
- 赤みそ　大さじ2
- 日本酒　大さじ2
- みりん　大さじ1
- 砂糖　大さじ½
- コチュジャン　大さじ½
- しょうゆ　小さじ1
- ごま油　少々

作り方

1　鶏肉は黄色い脂身を取って、大きめの一口大に切る。卵は殻をむく。

2　鍋にAの材料を合わせて火にかけ、煮立ったら鶏肉を皮を下にして並べる。ゆで卵も入れる。

3　ふたをして途中で何度か混ぜながら、強火で7～8分煮る。火が通る前に煮汁がなくなりそうなときは、水を適宜足す。

ぶりのコチュジャン焼き

ごま油でマイルドにこんがり

カラーp.64

材料(4人分)

ぶり　4切れ

A
- おろしにんにく　½かけ分
- おろししょうが　½かけ分
- コチュジャン　大さじ1
- ごま油　大さじ½
- しょうゆ　小さじ1
- 砂糖　ひとつまみ

青ねぎ、松の実、白いりごま　各適宜

作り方

1　ボウルにAを入れてよく混ぜる。ぶりの片面にまんべんなくぬって、グリルで焼き色がつくまで弱めの中火で焼く。

2　器に15㎝ぐらいに切ったねぎを敷いてぶりをのせ、松の実、いりごまを散らす。

MEMO

ぶりの片面にたれをぬっているから、当然裏返して焼けない。だけど、弱めの中火を守れば、たれのごま油のおかげで焦げないで中まで火が通る。

いかと大根のキムチカレー

大根のゆで汁をベースに

カラーp.64

材料(4人分)

いか　1ぱい
大根　12㎝
厚揚げ　1枚
白菜キムチ　200g
サラダ油　大さじ1
塩、こしょう　各少々
カレールー　1箱(5～6皿分)
あつあつご飯　4人分

作り方

1　大根は皮をむいて4㎝厚さのいちょう切りにする。たっぷりの水で1時間ほどゆでる。

2　厚揚げは縦半分に切ってから1㎝幅に切る。キムチはざく切り。

3　いかは胴に指を入れて内臓と足をはずす。胴は流水でよーく洗って水気をふく。足から内臓を取り除き、足は水で洗って水気をふく。胴は7㎜幅の輪切りにする。足は食べやすく切る。

4　鍋を熱してサラダ油をひき、いかを入れて塩、こしょうして強火で炒める。いかの色が変わったら、1の大根を加える。さらにルーの箱に表示されている水の分量の大根の煮汁を加える。もし足りなければ、水を足す。

5　厚揚げを加え、煮立ったら火を止めてルーを加える。よく混ぜて溶かし、再び火をつけて弱火でとろみがつくまで煮込む。最後にキムチを加えてざっと混ぜる。

6　器にご飯を盛って、5をかける。

ゆで豚のキムチ巻き
豚肉をゆでるだけでおしまい
カラーp.65

材料

豚バラ肉(かたまり)　500ｇ
長ねぎ(青い部分)　１本分
にんにく　１かけ
しょうが　１かけ
白菜キムチ　適宜
コチュジャン　適宜
にんにく(薄切り)　２～３かけ分
サンチュ(またはリーフレタス)　適宜

作り方

１　鍋にたっぷりの湯を沸かし、ぐらぐらしているところに豚肉、ねぎの青い部分、半分に切ったにんにく、しょうがを入れる。弱めの中火であくを取りながら１～２時間ゆでる。
２　肉を取り出して５㎜厚さに切って器に盛る。食べやすい大きさに切ったキムチ、コチュジャン、薄切りのにんにくと一緒に葉で巻いて食べる。

豚ねぎスープ
オイスターソースでこくが出る
カラーp.65

材料

豚バラ肉のゆで汁　４～５カップ
青ねぎ(または万能ねぎ)　¼束
Ａ
- おろしにんにく　½かけ分
- しょうゆ　大さじ２
- オイスターソース　小さじ１
- ごま油　少々

一味とうがらし、白すりごま　各適宜

作り方

１　青ねぎは小口切りにする。ボウルに入れてＡを加えて混ぜておく。
２　ゆで汁からねぎ、にんにく、しょうがを取り出して火にかけ、煮立てる。
３　器によそって１のねぎだれを各自、適宜加える。好みで一味とうがらしとすりごまをふる。

MEMO

もし、ゆで汁が足りなければ水を足してください。

おいしさを食べ尽くす鍋

日本のお鍋でもやるけれど、食べた後にうどんや
ご飯で2度おいしい、そんなおかずたちを見つけてきた。
まずはそのまんまを味わって、最後のお楽しみで、
もう一回おいしいなんて、ほんとにお得なおかずたちなのだ。

深みを出すなら
よく熟したキムチで

アボジのキムチチゲ

作り方p.70

アボジ(お父さん)が作ってくれたチゲは、古漬けキムチのうまさが出ていたけれど、日本の店に並ぶキムチはそこまで熟成していない。だからみそを加えてこくを出そう。米のとぎ汁をベースにするのも、アボジが教えてくれた。

忘れられない味

鶏鍋

作り方p.71

ソウルで食べた鶏鍋が夢にまで出てきたので、ケンタロウ流に再現。骨つき鶏とじゃがいもをゆでておきさえすれば、あとは一気にできる。バキッと辛いたれにつけて食べれば、これまた絶品。

アボジのキムチチゲ

米のとぎ汁でまろやかさを

カラーp.68

材料

豚バラ肉(薄切り)　100g

ズッキーニ　1本

豆腐(木綿)　½丁

白菜キムチ　150g

米のとぎ汁　5カップ

おろしにんにく　1～3かけ分

みそ　適宜

塩　少々

作り方

1　豚肉は一口大に切る。ズッキーニは5㎜厚さの半月切りにする。豆腐は縦半分に切ってから1㎝幅に切る。キムチはざく切り。

2　鍋に米のとぎ汁を入れ、塩少々を加えて強火にかける。煮立ったら豚肉を入れてあくを取りながら煮る。

3　豚肉の色が変わったらキムチ、ズッキーニ、豆腐を加えて弱めの中火で5分ほど煮る。

4　おろしにんにくを加え、味をみながらみそを溶き入れる。

MEMO

キムチの汁も適宜足してOK。

汁をご飯にかけて食べると、これまたうまい。さらに卵黄をのせて、よくよく混ぜて食べると、ぐっとうまい。

鶏鍋

スープの塩加減は薄めに

カラーp.69

材料

鶏骨つきもも肉　4本
長ねぎ　2本
じゃがいも　4個
にんにく　1かけ
しょうが　1かけ
コチュジャン　小さじ1
しょうゆ　小さじ1
塩　適宜

A
- おろしにんにく　1かけ分
- コチュジャン　大さじ2
- 酢　大さじ1½
- しょうゆ　小さじ2
- オイスターソース　小さじ2
- 練りがらし　小さじ1～2

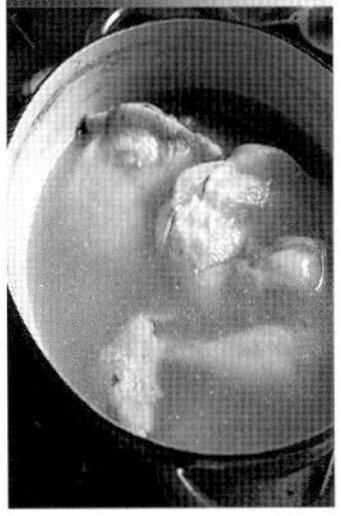

作り方

1　鍋に八分目ぐらいまで湯(水)を入れて火にかける。沸騰したら鶏肉、ねぎの青い部分、薄切りにしたにんにく、しょうがを加えて、弱めの中火であくを取りながら1時間煮る。途中で水がなくなったら適宜足す。

2　じゃがいもは皮をむいて1㎝厚さの輪切りにして、水に2～3分さらす。1とは別の鍋にじゃがいもを入れてひたひたの水を入れ、竹串がすっと通るくらいまでゆでる。長ねぎは5㎝長さに切る。

3　Aを合わせてつけだれを作っておく。

4　1を1時間煮たら、ねぎ、にんにく、しょうがを取り出す。コチュジャン、しょうゆを加え、味をみながら塩を加える。やや薄味に仕上げること。

5　ゆでたじゃがいも、長ねぎを加えて煮立てる。

6　器に3のたれをとって、つけながら食べる。たれは好みでスープで薄める。

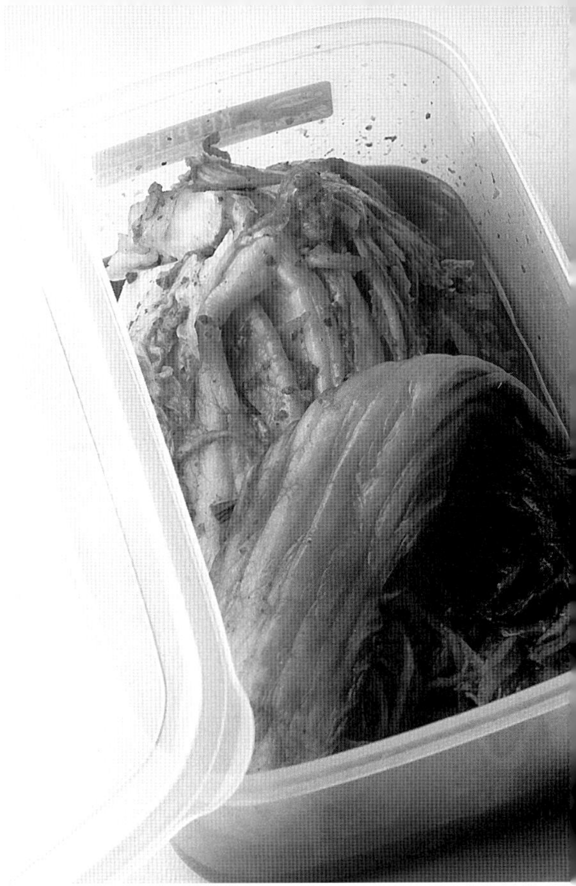

キムチが食べたいから、買って帰ろう

家で漬けるほど毎日食べるわけじゃないので、キムチは当然、市販のものを買う。思い立って作ったからってすぐにはおいしくないし、買ってすぐに使えるほうが、おいしいしうれしいからね。

辛くてこくがあって、
パンチでいえばボディブローだね

もやしと帆立の辛み鍋

作り方p.74

暑さでうだる真夏にも、寒さで凍えた体にも、食べたくなる辛さ。どっさりのもやしがたちまちなくなるだろうから、残った汁は、生卵と一緒にぜひご飯にかけて食べたい。

ソウルのおふくろの味は
僕も大好物

オモニのプルコギ

作り方p.75

肉と野菜に手でよおーく味をもみ込んで、一度に炒める。おいしい炒め汁が全体に回ってでき上り。韓国のおかずってみんなそうだけれど、プルコギはことさらご飯がすすむ。残ったプルコギにはうどんをからめて。

もやしと帆立の辛み鍋

コチュジャンは
好みに応じてどんどん加えてよし

カラーp.72

材料

豚バラ肉(薄切り)　200ｇ
青ねぎ(または万能ねぎ)　1束
もやし　2袋
帆立貝柱(缶詰)　大1缶(145ｇ)
にんにく　3かけ
しょうが　1かけ
コチュジャン　大さじ2～3
ごま油　大さじ2～3
日本酒　大さじ2
しょうゆ　適宜
塩、こしょう　各適宜
いりごま(白、黒)　各大さじ1
一味とうがらし　適宜

作り方

1　豚肉は一口大に切る。青ねぎは5㎝長さに切る。にんにく、しょうがはみじん切りに。
2　鍋を熱してごま油をひき、にんにく、しょうが、コチュジャンを入れて弱火で炒める。いいにおいがしてきたら豚肉を加え、塩、こしょう少々をふって、強火にして炒める。
3　肉の色が変わったら帆立(缶汁ごと)、もやしを加えて炒め、油が回ったら酒を加えてざっと炒める。
4　湯(または水)を鍋七分目まで加え、煮立ったら弱めの中火にして、あくを取りながら5分煮る。
5　味をみながら塩、こしょう、しょうゆを加え、青ねぎ、ごま、一味とうがらしをふってざっと混ぜる。

MEMO

にんにくとしょうがは油が冷たいうちに入れて、焦げないように弱火で炒め、香りを出す。もやしのひげの泥臭さが気になるなら取ろう。

オモニのプルコギ
手でよくよく味をもみ込もう
カラーp.73

材料

牛肉(切落し)　300ｇ

にんじん　½本

にら　１束

玉ねぎ　１個

もやし　１袋

A
- おろしにんにく　２かけ分
- しょうゆ　大さじ３～４
- 白すりごま　大さじ２～３
- 日本酒　大さじ２
- みりん　大さじ１
- コチュジャン　大さじ１
- 砂糖　大さじ½
- 塩　ひとつまみ
- ごま油　少々

ごま油　大さじ２

作り方

１　にんじんは皮をむいて３㎜厚さの斜め切りにしてから、細切りにする。にらは５㎝長さに切る。玉ねぎは縦薄切りにする。

２　ボウルにＡを混ぜ、牛肉を加えて手でよくもみ込む。肉に調味料がなじんだら、野菜を次々加えてさらによく混ぜる(写真１～４)。

３　フライパンを熱してごま油をひき、２を入れる。ときどき全体を混ぜながら、中火で肉に火が通って野菜がしんなりするまで、炒め煮にする(写真５、６)。

MEMO

すきやきの残りをうどんすきにするように、プルコギにうどんを入れてもうまい。

1

2

3

4

5

6

スープがないと始まら

**韓国の人はご飯と同じようにスープが好きだ。
みそ汁と感覚が似ているのかもしれない。毎日のことだから作るのだって当然簡単。
昆布のだしをさっととったり、具そのものがだしになったり、
小さな知恵もいっぱいなのだ。**

焼いたたらから香ばしさが

たらとにらのスープ

作り方p.78

かなりシンプルなスープだけれど、味わい深い。昆布だしが、地味だけれど縁の下の力持ちになっているのだ。

具だくさんでボリュームあり

韓国風納豆汁

作り方p.79

納豆とキムチが合うってことは、みんな想像がつくと思う。事実、韓国にも納豆に似た味のみそがある。牛肉から出るだしで納豆を味わうなんて、かなり贅沢だけれど、相乗効果というんだろうか、だからこそのおいしさだ。

ない!

みりんの風味が隠し味
エリンギのスープ

作り方p.79

エリンギのおいしさがスープにぐっと出ている。こしょうがアクセントだ。韓国では、よく似た歯ごたえの〝しめじのビッグサイズ版〟みたいなきのこがたびたび登場していたよ。

〝昆布だし〞といっても、水に昆布1枚を入れて火にかけるだけ。余裕があれば、火にかける前に20分ほどつけておくと味がよく出る。

たらとにらのスープ

いりごまをたっぷり

カラーp.76

材料(４人分)

たら(甘塩)　２切れ
にら　１束
昆布(10×15㎝)　１枚
水　６カップ

A
- おろしにんにく　少々
- ごま油　大さじ１
- みりん　大さじ１
- しょうゆ　小さじ１
- コチュジャン　小さじ１～２
- 塩、こしょう　各適宜

白いりごま　大さじ１
一味とうがらし　適宜

作り方

１　たらはグリルで両面をこんがり焼く。にらは５㎝長さに切る。

２　鍋に昆布と水を入れて火にかけ、煮立ったら昆布を取り出す。焼いたたらを入れて５分ほど煮て、味をみながらAを加えて混ぜる。にら、いりごまを加えてざっと混ぜ、軽く火を通す。好みで一味とうがらしをふる。

韓国風納豆汁
納豆は洗って粘りを取る
カラーp.76

材料(４人分)

牛肉(切落し)　200ｇ
長ねぎ　２本
納豆　２パック(100ｇ)
白菜キムチ　150ｇ
にんにく(みじん切り)　１かけ分
しょうが(みじん切り)　１かけ分
ごま油　大さじ２
湯(または水)　５カップ
みそ　適宜
塩、こしょう　各少々
一味とうがらし　適宜

1　2

3　4　5

作り方

1　長ねぎは５㎝長さの斜め切りにする。納豆はざるに入れて流水で洗って、ぬめりを取る(写真１)。キムチはざく切りにする。

2　鍋にごま油とにんにく、しょうがを入れて弱火で炒め、香りが出てきたら牛肉を入れて塩、こしょうをふって、強火で炒める。肉の色が変わってきたらねぎを加えて炒める(写真２)。

3　ねぎがしんなりしたらキムチと納豆を加えてさらに炒める。全体に油が回ったら湯(水)を加える(写真３～５)。

4　煮立ったら弱めの中火にして２～３分煮て、味をみながらみそを溶き入れる。好みで一味とうがらしをふる。

MEMO

納豆を洗わないと、ぶくぶく泡立って粘り気が出る。
もちろんこれも、ご飯を入れて食べればおいしいこと間違いなし！

エリンギのスープ
エリンギは手でさいて
カラーp.77

材料(４人分)

豚バラ肉(薄切り)　100ｇ
エリンギ　１パック
昆布(10×15㎝)　１枚
水　６カップ
みりん　大さじ１弱
しょうゆ　小さじ１
青ねぎ(または万能ねぎ)　少々
塩、こしょう　各適宜

作り方

1　豚肉は一口大に切る。エリンギは指で細くさく。青ねぎは小口切りにする。

2　鍋に昆布と水を入れて火にかけ、煮立ったら昆布を取り出して、みりんとしょうゆを加える。

3　豚肉を加えてあくを取りながら中火で煮る。肉の色が変わったらエリンギを加えて２～３分煮る。

4　エリンギがしんなりしたら、味をみながら塩、こしょうで味を調える。盛りつけてねぎを散らし、こしょうをふる。

カリッ、サクッ、チヂミ

チヂミは韓国版お好み焼き。ジョンと言ったり、呼び方は場所によっていろいろあるようだ。友人のチェさんは〝雨の日のもの〟と言っていた。つまり、買い物に行きたくないときに家にあるものでできる、ってこと。なるほど。

パリパリのせんべいっぽさがいいね
ねぎのチヂミ

作り方p.82

ねぎを食うぞという勢いで作ったチヂミ。フライパンに流したときに、ねぎが鍋を埋め尽くして生地が薄くまとわりついているくらいが、ちょうどいい。皮がパリパリさくさくしているのにびっくりするはず。その秘密はレシピ参照。

明石焼きみたいな
ふんわり生地
れんこんとあさりのチヂミ
作り方p.83

このチヂミはちょっと変り種。れんこんをあさり入りの生地ではさんで焼いている。表面はカリッと乾いているけど中がふわっとして、シャリシャリのれんこんと絶妙の歯ごたえ。ほんのり甘くてやわらかい味だ。

キムチしゃきしゃき、
生地はさっくり
キムチと豚肉のチヂミ
作り方p.83

キムチに水分があるから、ねぎのチヂミと比べると、粉を多めにしないとまとまらない。だけど、中までしっかり火を通せば全然粉っぽくない。辛さがちょうどいい感じだけれど、もっと刺激が欲しい人はたれをつけて食べてください。

1

2

3

4

5

ねぎのチヂミ

粉は白玉粉だ！

カラーp.80

材料

青ねぎ(または万能ねぎ)　2束
白玉粉　大さじ4～5
水　¼カップ(50㎖)
卵　1個

A
- ごま油　小さじ2
- しょうゆ　小さじ¼
- いりごま(白、黒)　各大さじ1
- 塩　ふたつまみ
- 砂糖　ひとつまみ

サラダ油　大さじ2
酢、しょうゆ、塩　各適宜

作り方

1　青ねぎは7～8㎝長さに切る。

2　ボウルに白玉粉を入れて水を加え、よーく混ぜる。ひとかたまりになったら、卵とAを加えてよく混ぜ、青ねぎも加えて混ぜる(写真1～6)。

3　フライパンを熱してサラダ油をひき、2を流し入れて丸く整える。ふたをして中火で焼く。いい色がついたら返して、ふたを取って裏も焼く(写真7～9)。

4　両面焼けたらとり出し、食べやすい大きさに切る。好みで酢じょうゆや塩をつけて食べる。

6

7

8

9

キムチと豚肉のチヂミ

中火と弱火の繰返しでじっくり焼く

カラーp.81

材料

豚肩ロース肉(薄切り)　50g

白菜キムチ　100g

白玉粉　大さじ6

水　¼カップ(50㎖)

卵　1個

A
- いりごま(白、黒)　各大さじ1
- しょうゆ　小さじ½
- 塩　ひとつまみ
- 砂糖　ひとつまみ
- ごま油　少々

サラダ油　大さじ2

豆板醤、酢、しょうゆ、塩　各適宜

作り方

1　豚肉は1㎝幅に切る。キムチは大きければ適当な大きさに切る。

2　ボウルに白玉粉を入れ、水を加えてよーく混ぜる。ひとかたまりになったら、卵を加えてのばす。混ざったらAと豚肉、キムチも加えて混ぜる。

3　フライパンを熱してサラダ油をひき、2を流し入れて丸く整える。ふたをして弱めの中火で焼く。いい色がついたら返して、ふたを取って裏も焼く。

4　両面焼けたらとり出し、食べやすい大きさに切る。好みで豆板醤を加えた酢じょうゆや塩をつけて食べる。

れんこんとあさりのチヂミ

ひとふりの一味でピリッと

カラーp.81

材料

れんこん　150g

あさりの水煮(缶詰)　大½缶

白玉粉　大さじ4～5

水　¼カップ(50㎖)

卵　1個

A
- ごま油　大さじ2
- しょうゆ　小さじ¼
- 塩　ふたつまみ
- 砂糖　ひとつまみ

サラダ油　大さじ2

一味とうがらし　適宜

作り方

1　れんこんは皮をむいて5㎜厚さの輪切りにする。薄い酢水(分量外)に2～3分つけておく。あさりは缶汁をきる。

2　ボウルに白玉粉を入れ、水を加えてよーく混ぜる。ひとかたまりになったら、卵を加えてのばす。混ざったらAとあさりも加えて混ぜる。

3　フライパンを熱してサラダ油をひき、2のたねをれんこんの大きさくらいに丸く薄く流し入れる。その上にれんこんをのせ、さらに上からたねを少しかける。1回で4個から5個同時に焼く。ふたをして両面こんがりと焼く。

4　器に盛って、一味とうがらしをふる。

混ぜて、混ぜて、

〝混ぜて食べる〟は韓国食文化のキーワードだと思う。
肉も野菜もご飯を混ぜる以外にも、麺とご飯が一緒に入っていたり、
とにかく韓国料理は混ぜ上手。それぞれの味が引き立て合って、深くてやさしい味になる。

黄身がとろりとなめらかに

ケンタロウ ビビンパ その1

作り方p.86

こういうビビンパは、ナムルをおかずにした次の日の定番にしよう。ナムルを多めに作って(一度にたくさん作るとおいしいし)、計画的に余らせれば新たに用意するのは肉だけ。卵の黄身をぽてっとのせて、よく混ぜよう。

もっと混ぜて!

じゃことごまで
至福の香ばしさ

ケンタロウ
ビビンパ
その2

作り方p.87

ビビンパはいかによく混ぜるかがおいしく食べる最大のポイントなのだけれど、ひき肉もごまもじゃこも、しっかりご飯に混ぜ込むには最適。目玉焼きをのせて、カリカリのじゃこをたっぷりかければ、食べる前から楽しくなってくる。

ケンタロウビビンパ その1

肉をこってり甘辛く

カラーp.84

材料(4人分)

牛カルビ肉　250g

A
- おろしにんにく　½かけ分
- しょうゆ　大さじ1強
- 砂糖　大さじ1
- 日本酒　大さじ1
- 白いりごま　大さじ1
- 一味とうがらし　少々

ごま油　大さじ1

ほうれん草のごまナムル(p.44参照)　1回分

もやしのカレーナムル(p.44参照)　1回分

にんじんのバターナムル(p.44参照)　1回分

卵黄　4個

あつあつご飯　どんぶり4杯

コチュジャン　適宜

作り方

1　牛肉は細切りにする。ボウルにAを合わせておく。

2　フライパンを熱してごま油をひき、牛肉を強火で炒める。焼き色がついたらAをジャーッと加えてからめる。

3　器にご飯を盛って肉、野菜のナムルを美しくのせる。真ん中に卵黄を落とし、コチュジャンを添える。

ケンタロウビビンパ その2

じゃこはオーブントースターで カリカリに

カラーp.85

材料（4人分）

合いびき肉　250g

A
- おろしにんにく　1かけ分
- 赤みそ、日本酒　各大さじ1
- しょうゆ　大さじ½
- 砂糖　大さじ½
- 白いりごま　小さじ1

ごま油　大さじ1

青ねぎ（または万能ねぎ）　1束

B
- おろしにんにく　½かけ分
- ごま油　大さじ1
- 塩、砂糖　各ひとつまみ

じゃこ　大さじ4～5

卵　4個

あつあつご飯　どんぶり4杯

一味とうがらし　適宜

いりごま（黒、白）、キムチ　各適宜

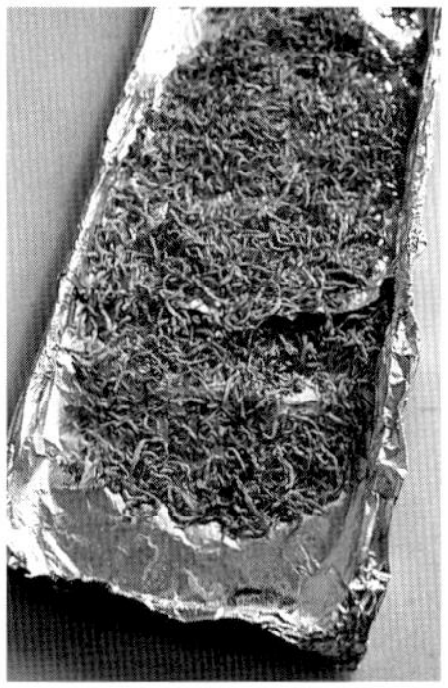

作り方

1　肉みそを作る。ボウルにAを合わせておく。フライパンを熱してごま油をひき、ひき肉をほぐしながら強火で炒める。色が変わったらAをジャーッと加えてからめる。

2　青ねぎは5㎝長さに切ってボウルに入れ、Bを加えてあえる。

3　じゃこはアルミホイルにのせてオーブントースターでカリカリになるまで焼く。

4　卵は半熟の目玉焼きにする。

5　器にご飯を盛って、肉みそとねぎをのせ、目玉焼きものっけてカリカリじゃこをかける。一味といりごまをふり、キムチを添える。

思い思いに味を決める楽しさ

麺入り鶏クッパ

作り方p.90

器の中にはご飯と麺。鶏の味がよーく出たあつあつのスープをかける。スープに味つけはしない。自分でやる。まずはスープをそのままひとさじ味わって、おもむろに塩とこしょうとねぎを入れる。するするっとそうめんをすすり、肉をたれで一口。それから底のほうのご飯を一口食べて本格的にスタートっていうのが僕の今日の食べ方。

冷麺っぽくさっぱり
ごまだれあえそうめん

作り方p.91

練りごまが細い麺によくからみ、さっぱりした中にコチュジャンのこくがきいている。夏も半ばになるとそうめんに飽きる家庭も多い。あるいは余ったそうめんが何束か、季節はずれの食品棚に見つかる場合もあるでしょう。そんなときにぜひこれを。

のりの香りがご飯一粒一粒に
韓国のりの混ぜご飯

作り方p.91

韓国のりをご飯に混ぜない手はない。〝のり混ぜ〟といっても、こってり炒め牛肉が入っているから、おなかだって満足。韓国のりの香ばしさは、ほんとにご飯によく合うよなあ。

麺入り鶏クッパ

ご飯はスープでほぐして盛る

カラーp.88

材料（４人分）

鶏手羽元　12本
にんにく　１かけ
しょうが　１かけ
長ねぎ　１本
湯(または水)　８カップ
そうめん　100ｇ
ご飯　茶碗３～４杯
塩、こしょう　各適宜
A ┌練りがらし　小さじ２
　│しょうゆ　大さじ２
　│酢　大さじ２
　└砂糖　大さじ½
オイキムチ(きゅうりのキムチ)　適宜

作り方

１　鍋に湯を沸かす。ぐらぐらしているところに手羽元、半分に切ったにんにく、しょうが、ねぎの青い部分を入れて、弱めの中火であくを取りながら30分ほど煮る。

２　ねぎの白い部分は小口切りにする。塩、こしょうは混ぜ合わせておく。

３　１のスープが煮上がったらねぎ、にんにく、しょうがを取り除く。手羽元はざるに上げて水で洗って粗熱を取り、骨を除いて身を適当な大きさにさいてスープに戻す。

４　そうめんは表示に従ってゆでる。ゆで上がったら流水でよく洗って水気をきる。

５　Ａを合わせてたれを作る。

６　器にそうめん、ご飯を入れてあつあつのスープを注ぐ。各自２の塩、こしょうで味をつけ、ねぎを散らして食べる。たれは肉につけてもいいし、スープに溶かしてもいい。オイキムチを添える。

ごまだれあえそうめん

よく混ぜて

カラーp.89

材料(２人分)

豚バラ肉(薄切り)　100ｇ
長ねぎ　２本
きゅうり　１本
白菜キムチ　100ｇ
白練りごま　大さじ２
いりごま(白、黒)　各大さじ１
めんつゆ(つけつゆの濃さに調えたもの)　½カップ

A
- おろしにんにく　少々
- ごま油　大さじ１
- コチュジャン　小さじ１～２
- 酢　小さじ１
- しょうゆ　少々

そうめん　200ｇ

作り方

１　豚肉は一口大に切って、塩少々(分量外)を加えた湯でゆで、ざるに上げて水気をきる。長ねぎは斜め薄切りに、きゅうりは太めのせん切りにする。キムチは大きければ適当な大きさに切る。

２　ボウルに練りごま、いりごまを入れ、めんつゆを少しずつ加えて溶き混ぜる。混ざったらAと豚肉、きゅうり、キムチ、ねぎを加えて混ぜる。

３　そうめんは表示に従ってゆでて流水でよく洗い、氷水で冷やす。水気をきって２に加え、あえる。

韓国のりの混ぜご飯

普通ののりなら
仕上げにごま油を回すべし

カラーp.89

材料(４人分)

牛肩ロース肉(薄切り)　200ｇ
たけのこの水煮　150ｇ
韓国のり　大５枚

A
- おろしにんにく　少々
- 白いりごま　大さじ１
- 青ねぎ(または万能ねぎ)　½束
- 日本酒　大さじ１
- しょうゆ　大さじ１
- コチュジャン　大さじ½
- 砂糖　小さじ１
- 一味とうがらし　適宜

ごま油　大さじ１
塩、こしょう　各少々
あつあつご飯　茶碗４～５杯

作り方

１　牛肉は一口大に切る。たけのこは３㎜厚さの縦薄切りにする。のりは２㎝角ぐらいにちぎる。青ねぎは小口切りにして、Aを合わせておく。

２　フライパンを熱してごま油をひき、牛肉を入れて塩、こしょうをふり、強火で炒める。

４　たけのこを加えてさらに炒め、油が回ったらAをジャーッと加えてからめる。

５　ボウルにご飯を入れてあつあつの４を加え、しゃもじで切るようによく混ぜる。さらにのりを加えて混ぜる。

シャリシャリ砂糖の甘さが
思いがけなくうれしい
砂糖がけオムレツサンド

作り方p.94

ソウルの屋台で朝ごはんに食べた、野菜いっぱいの卵サンド。なんでもない食パンにはさんで、ケチャップ、で、砂糖！　びっくりしたけど、とてもおいしかったよ。

カリッとして、
ほこっとして
いも天

作り方p.94

韓国で食べたいも天って、衣がすっごくパリパリ。ここでもやっぱり白玉粉。ゆっくり揚げれば、ほっこりカリカリ。

日だまりに寝そべりたくなる
甘ったるさ
マーマレード茶

作り方p.94

韓国の伝統的な飲み物にゆず茶というのがあって、これはその日本版。冷たいソーダで割ってもおいしいよ。

生地がふわんふわん
屋台風あんこ巻き

作り方p.94

ソウルの屋台にあった、パリパリの薄皮のたい焼き風おやつ。僕はふんわり焼いて、皮をパリパリにしてみたよ。

韓国には小さな〝うれしい〟がいっぱいあった。
市場で飲む甘い甘いコーヒーや、屋台のあんドーナッツや、
ビビンパの隣のいも天みたいに、なんでもないけれど〝うれしい〟、
そんなオマケみたいな楽しさを集めてみた。

小さなお楽しみ

甘い甘いインスタント

市場のコーヒー

作り方p.94

こんなに入れていいのかと思うくらいの、たっぷりの粉クリームと砂糖。ソウルの市場では、人ごみを縫っておばちゃんがコーヒーを売り歩く。歩き疲れた体に、いちばんうれしかった味。

いも天

いもは分厚く、衣はたっぷりつけて

カラーp.92

材料

さつまいも　300ｇ

白玉粉　¾カップ

水　70～80㎖

卵　1個

塩　ふたつまみ

砂糖　ふたつまみ

薄力粉　適宜

揚げ油　適宜

シナモン　少々

作り方

1　さつまいもは皮をむいて2～3㎝厚さの輪切りにし、濃いめの塩水(分量外)に5分ほどつける。水気をふいて薄力粉をまんべんなくまぶす。

2　ボウルに白玉粉と水を入れてよーく混ぜ、よくといた卵を少しずつ加えて混ぜ、塩、砂糖を加えてさらに混ぜる。

3　フライパンに揚げ油を深さ2㎝ぐらい入れて中温に熱する。さつまいもを2の衣にくぐらせてたっぷりつけ、フライパンに入れる。

4　衣が固まってきたらときどき返して、弱火でじっくり、竹串がすっと入るまで揚げる。

5　器に盛って好みでシナモンをふる。

マーマレード茶

質のいいマーマレードで上品な甘さに

カラーp.92

材料

マーマレード、湯　各適宜

作り方

耐熱性のコップにマーマレードを入れ、湯を注いで混ぜる。薄ければマーマレードを足す。甘ければ湯を足す。

＊マシェッソヨは「おいしい！」ってこと。韓国に行ったときは、素直に照れずに「マシェッソヨ」と言って喜びを表わそう。

砂糖がけ オムレツサンド

薄切りパンをカリッとトースト

カラーp.92

材料(2組み分)

キャベツ　大2枚

にんじん　¼本

卵　2個

塩、こしょう　各少々

サラダ油　大さじ½

ハム　4枚

食パン(サンドイッチ用)　4枚

バター　適宜

ケチャップ、砂糖　各適宜

作り方

1　キャベツ、にんじんはせん切りにする。ボウルに卵を入れてよくときほぐし、塩、こしょうを加える。キャベツ、にんじんも加えてよく混ぜる。

2　フライパンを熱してサラダ油をひき、1を丸く流し入れて、弱めの中火で焼く。いい焼き色がついたら返して両面こんがり焼く。焼き上がったら半分に切る。

3　パンはトーストして片面にバターをぬる。

4　パンにハムと2のオムレツをのせて、ケチャップと砂糖をかけてはさむ。もう1組みも同様に作る。

MEMO

砂糖はグラニュー糖でも三温糖でも、好みでなんでもOK。

屋台風あんこ巻き

弱火でふたをして焦げないように

カラーp.92

材料(2個分)

白玉粉　大さじ5

水　50～60㎖

卵　1個

A
- 砂糖　大さじ½
- ベーキングパウダー　小さじ¼
- 塩　ひとつまみ
- ごま油　少々

粒あん(缶詰やパックのもの)　大さじ6～8

サラダ油　大さじ1

作り方

1　ボウルに白玉粉と水を入れてよーく混ぜ、よくといた卵を少しずつ加えて混ぜる。さらにAを加えてよく混ぜる。

2　フライパンを熱してサラダ油大さじ½をひき、1のたねの半量を丸く流し入れる。ふたをして弱めの中火で焼く。いい焼き色がついたら返して、裏はふたをせずに焼く。

3　両面焼き色がついたら面の半分にあんこをのせ、パタンと折る。もう1回同様に作る。

市場のコーヒー

懐かしくてうれしくなる、そんな味

カラーp.93

材料(1杯分)

インスタントコーヒー　小スプーン1杯

砂糖　小スプーン山盛り1杯

コーヒー用粉クリーム　小スプーン山盛り2～3杯

湯　適宜

作り方

耐熱の紙コップに材料をすべて入れてよーく混ぜる。甘く、懐かしく、マシェッソヨ。

ソウルの、お気に入り食堂ガイド

牛カルビ
ポドゥナムチプ
瑞草区瑞草洞1340-5
☎02-3473-4167
午前11時半〜午後10時営業。年中無休
骨つきカルビ26,000ウォン、牛タン22,000ウォンなど(2人前から)。
野菜のおかずはこの料金に含まれていて、お代りは自由。

ビビンパ
古宮(コウクン)
中区忠武路2街12-14
☎02-776-3211
午前9時〜午後10時営業。年中無休
全州伝統ビビンパ10,000ウォン、石焼きビビンパ7,000ウォン。

鶏鍋
デソンタックハンマリ
中区草洞158-5
☎02-2272-8665
午前9時〜午後11時営業。日曜定休
鶏鍋10,000ウォン(1羽分、約2〜3人前)、
麺、お餅は別注文で各1,000ウォン。

小皿料理の定食
パルドボサム
中区忠武路3街23-2
☎02-2266-7573
午前11時〜午後11時営業。日曜定休
ご飯とみそ汁つきで、4,000ウォン。

麺入りクッパ
ムドゥンサン
江南区清潭洞1-15
☎02-518-4001
24時間営業。年中無休
ソルロンタン5,000ウォン、ロース、カルビ
などの焼き肉16,000〜20,000ウォン。

にんにくのフライドチキン
盤浦(バンポ)チキン
瑞草区盤浦洞住空アパート商店街J-21
☎02-599-2825
午前10時〜午後24時営業。年中無休
にんにくチキン8ピース(1羽分)11,000ウォン、
参鶏湯9,000ウォン。

かゆ
粥郷(チュクヒャン)
中区苧洞2-72-17
☎02-2265-1058
午前7時〜午後9時営業。年中無休
鶏肉のおかゆ5,000ウォン、あわびのおかゆ7,000ウォン、
緑豆のおかゆ6,000ウォン。

汁粉
ソウルソ ドゥルチェロチャルハヌンチップ
鍾路区三清洞28-21
☎02-734-5302
午前10時〜午後10時営業。年中無休
お汁粉4,000ウォン、甘酒2,500ウォン、
高麗人参湯3,500ウォン。

韓国の通貨はウォン。
10ウォンは約1円(2001年4月)

小林ケンタロウ

1972年、東京生れ。武蔵野美術大学在学中より、イラストレーターとして活動する。その後「手軽でおいしく、しゃれっけがあって、現実的」をモットーに、持ち前の料理センスとアイディアで、雑誌、テレビで活躍し、今や若者代表の料理家として大人気。本書は、彼が以前から幾度となく韓国を訪れ、街の気取らない食堂のおいしさや、市場の食材の豊かさから受けた感動を、オリジナルレシピに。どれも日本の普通のスーパーで手に入る食材や調味料を使い、ご飯に合うおかずばかり。母、小林カツ代さん譲りの、作り手にやさしい視点がうれしい。

ちょっと前まで弁当持参の毎日を謳歌していた著者に
ふさわしく、こんな弁当が食べたい！と、あくまでも
食べ手の立場からご飯がガシガシすすむ弁当を提案。

お酒を飲むときも、やっぱりうまいものが食べたい！
簡単、早い、うまい、ボリュームいっぱいのつまみ集。
毎日のおかず作りのヒントになるのもうれしい。

お菓子は楽しんで作って楽しんで食べよう!と
どれも簡単でうれしくなるレシピばかり。
ケンタロウの大好きなお菓子だけを集めて。

アートディレクション　白石良一
デザイン　小野明子　井崎亜美(白石デザインオフィス)
撮影　澤井秀夫
編集　艸場よしみ
スタイリング　中安章子
料理アシスタント　下条美緒　粂井真紀(ケンタロウ事務所)
韓国コーディネート　崔智恩

ケンタロウの韓国食堂

発　行　2001年8月6日　第1刷
　　　　2008年7月15日　第4刷
著　者　小林ケンタロウ
発行者　大沼　淳
発行所　文化出版局
　　　　〒151-8524 東京都渋谷区代々木3-22-7
　　　　電話 03-3299-2479(編集)
　　　　　　 03-3299-2540(営業)
印刷所　株式会社文化カラー印刷
製本所　株式会社明泉堂